これからを生きる子どもたちへ

とっておきの道徳授業17

質的転換! 令和時代の道徳授業30選

佐藤幸司 編著

確かな手応え,
一段上の
道徳授業づくり

日本標準

JN069471

　2020（令和２）年度は，道徳が「特別の教科」となって３年目を迎えます。
　教科化による功績は，何といっても，教師が道徳授業をやるようになったことです（教育課程に位置づけられている道徳授業を，これまでやってこない教師がいたのがおかしなことなのですが……）。道徳授業は，教科化によって，それまでのマイナス地点から，ようやく０（スタート）地点に立ったと言えます。

　しかし，問題は，その中身です。
　教師も子どもも魅力を感じていない授業，退屈な時間だけが過ぎていく授業では，意味がありません。道徳が嫌いな子どもたちを量産してしまいます。

　もちろん，量的確保がなければ，質的転換はありません。マイナス地点からスタート地点に立てたことは，これが文字どおり「出発点」なのです。だからこそ，ここで止まったり，後退したりするわけにはいきません。ここから，前進し続けなければ，道徳の教科化は失敗に終わります。道徳授業の質の向上のために，先陣を切って進むのが，本書の役目でもあります。

質的転換！　令和時代の道徳授業30選
～確かな手応え，一段上の道徳授業づくり～

　これが，『とっておきの道徳授業』シリーズ17巻目となる本書のテーマです。
　今，令和の新時代に求められるのは，子どもが本気で学ぶ高品質な道徳授業です。その具現化のためには，魅力的な教材を使った創意あふれる指導が何よりも大切です。同時に，「主たる教材」である教科書教材の効果的な使い方についても，考えていく必要があります。

　本書は，２部構成からなり，第１章に「解説編」として授業力アップのための５つの勘どころを，第２章～第６章に30本の追実践可能な実践記録を掲載しました。リアルタイム教材から，斬新なオリジナル教材，さらに教科書教材の活用法まで，即戦力となる具体的な内容が満載です。

　これからを生きる子どもたちに贈るとっておきの道徳授業。
　ぜひお読みください。
　きっと道徳の時間が待ち遠しくなることでしょう。

　2020年３月

佐藤幸司

この本の使い方（特長）【実践編】のページ

学年は，一応の目安として考えてください。それ以外の学年でも実施可能な実践がたくさんあります。

学習指導要領の内容項目に対応しています。

なぜこの授業をするのか，どんな授業をつくりたいのか，教師の思いや授業の主張が簡潔に述べられています。

確かな手応えを感じるようにするための展開の工夫やこの授業の長所，留意点などを示しました。

高品質な道徳であるための一番の特長や，効果的な指導時期・他の教育活動との関連などを明記しました。

1ページ目

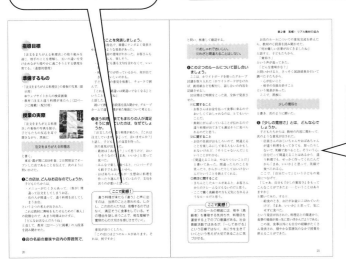

2ページ目　　　　　3ページ目

指導案ではありません。授業の展開例でもありません。実際の授業の様子を追実践可能な形で記しました。「授業の事実で語る」本書の理念を具現化したページです。発問・指示・子どもの動きが，具体的に書かれています。

●そのまま使える資料や学習プリントの内容を掲載したページもあります。

●子どもの感想を読むと，授業のイメージが，より具体化します。　　　　など

学習の様子を肯定的に記述した，評価のための**所見文例**です。

教材を開発し，授業を実施し，執筆しました。

4ページ目

第1章

令和の道徳 5つの勘どころ

1. 量的確保で満足するな

週に1回，道徳をやって，「評価」も書いた。でも，それだけでいいのかな？

道徳の教科化は，授業をきちんと実施してもらうための手段。でも，問われるのは，その中身です。時数だけを確保すればよいのではありません。

●ようやく立てたスタート地点

2018年度の道徳科全面実施から，丸2年がたちました。

道徳の教科化は，あくまで手段です。日本全国，どこの学校でも，どの学級でも，週1時間の道徳授業をきちんと実施してほしいという願いから始まりました。

文部科学省の調査によると，道徳授業が実施されない理由としていちばん多かったのが「教材が足りない」という回答だったそうです。教科化によって，教科書が無償配付されました。さらに，責任をもって授業を実施してもらうために，道徳科の評価も行うことになりました。現場の教師にも，

「道徳は，週に1時間，年間35時間，きちんと実施しなければならないのだ」
という意識は広まっています。

結果，道徳授業の量的な確保（年間35時間の実施）は，ある程度できました。これは，結構なことです。

しかし，質的な転換（魅力ある授業の実施）は，どうでしょうか。大切なのは，授業の中身です。

年間35時間の授業で，教科書教材が残さず使用されたとしても，中身が薄っぺらだったら意味がありません。教師が教科書に縛られ，評価（所見文作成）のために退屈な授業を繰り返したのなら，それは，子どもたちにとって有害な授業になりかねません。

もちろん，授業の量的確保がなければ，質的転換へとは進めません。

今回の教科化によって，道徳授業はようやくマイナス地点から0（スタート）地点に立つことができたと言えます。

このごろ，先生は，毎週時間割通りに道徳の授業をしてくれるよ。でも，いつも教科書を読むだけだと，退屈だな……。

●質的転換へ　教材開発を

私たち教育公務員は，法令に基づいて日々の教育活動を行っています。

学校教育法34条には，教科書の使用義務が規定されています。

小学校（中学校）においては，文部科学大臣の検定を経た教科用図書又は文部科学省が著作の名義を有する教科用図書を使用しなければならない。

ですから，
「自作教材を使えば，教科書は使わなくてもいい」
とは，言えません。ところが，地域によって

は，教科書の使用義務に加えて，

「こういう展開で，こういう発問で授業をしなさい」

という指導方法の強制が行われていると聞くことがあります（各地の研修会に伺った際，幾人もの先生から相談を受けました）。

たとえば，登場人物の心情を考えさせる発問です。「読み物の登場人物の心情理解のみに偏った形式的な指導が行われている例があること」は，道徳の教科化に際して，文部科学省からも明確な批判があった通りです。そのため，かつてほとんどの「指導展開例」に掲載されていた

「このときの○○は，どんな気持ちだったでしょうか」

という発問は一気に姿を消しました。

代わって登場したのが，

「○○は，どんなことを考えていただろうか」

「○○の心のなかを想像してみよう」

というタイプの発問です。表現が変わっただけで，聞いている中身は同じ（心情理解のみに偏った発問）です。

文部科学省レベルでは，このような発問をしなければならないなどという縛りつけは一切ありません。むしろ，魅力的な道徳授業づくりへの期待にあふれていることが，『学習指導要領』や『解説』を丁寧に読めばよくわかります。

ところが，学校現場にその内容が伝わるころには，ある一部分だけの言葉（たとえば，「教科書には使用義務がある」という文言）だけが強調され，それが必ずそうしなければならないように広まってしまうことがあるのです。

一方，道徳の教材開発に関しては，『小学校学習指導要領』(p.171)に，次のように書かれています。

> 児童の発達の段階や特性，地域の実情等を考慮し，多様な教材の活用に努めること。特に，生命の尊厳，自然，伝統と文化，先人の伝記，スポーツ，情報化への対応等の現代的な課題などを題材とし，児童が問題意識をもって多面的・多角的に考えたり，感動を覚えたりするような充実した教材の開発や活用を行うこと。

教材開発について，奨励されていることがわかります。学習指導要領には，法的な束縛力があります。しかも，法令における「～努めること」「～を行うこと」という文言は，マスト（must）に近いかなり強い表現なのです。

結論としては，教科書を主たる教材としながら，積極的な教材開発をバランスよく行っていくべき，ということができます。

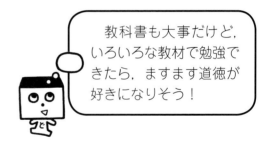

教科書も大事だけど，いろいろな教材で勉強できたら，ますます道徳が好きになりそう！

〜 ここが 肝心 〜

①教科化は，週1時間の道徳授業を確実に実施してもらうための手段。ただし，授業の実施は，スタート地点。量的確保から質的転換をめざして進む。

②道徳の教材開発は，学習指導要領に明記された必須事項。教科書教材の効果的な使用法と教材開発活用のバランスが大事である。

2. 「自分だったら……」の落とし穴

> 「自分だったら，どう?」って聞かれても，答えられないときがあるよね。

「自我関与」を絶対視するのは，やめにします。

自分を客観的に見つめることのほうが，ずっと大切な場合があります。

● 「自我関与」の出どころ

最近，「自我関与」という言葉をよく見聞きするようになりました。「自我」は自分のこと，「関与」は関わりのことでしょうから，何となくその意味は（雰囲気として）理解できます。でも，今さら，道徳の研修会などで

「自我関与とは，何ですか」

と質問するのは，少々勇気が必要なようです。

けれども，こういう聞こえのいい言葉が出てきたときには，いったん立ち止まり，その出どころや意味，用途を調べなければなりません。

「自我関与」の出どころは，2016年7月22日の「道徳教育に係る評価等の在り方に関する専門家会議」です。その『報告』の「4. 質の高い多様な指導方法」の項に，その特長として次のように述べられています。

> ①読み物教材の登場人物への自我関与が中心の学習
> 　教材の登場人物の判断や心情を自分との関わりにおいて多面的・多角的に考えることを通し，道徳的諸価値の理解を深めることについて効果的な指導方法であり，登場人物に自分を投影して，その判断や心情を考えることにより，道徳的価値の理解を深めることができる。

「多様な指導方法」の例は，3つ示されています。ほかの2つは「②問題解決的な学習」と「③道徳的行為に関する体験的な学習」です。

キーワード（あるいは，キャッチコピー）は，発信者のメッセージを効果的に伝えることができます —— たとえば，「考え議論する道徳」という言葉は，これからの道徳授業を端的にイメージ化させるためにマスコミ向けにつくられた言葉です。

ですから，思わず引きつけられる言葉に出合ったときには，出典を調べ原文に当たって，その真意を確かめることが大事です。

「自我関与が中心の学習」は，大切な学習形態ですが，例示された3つのうちの1つなのです。同様に「②問題解決的な学習」と「③道徳的行為に関する体験的な学習」も効果的に実施していく必要があります。

ただし，この3つは，あくまで例示です。文部科学省からの例示があったからといって，「必ずそれをしなければならない」「それしかやってはならない」などと，短絡的に解釈するのは慎むべきです。

> いろんな言葉を聞くと，「必ずこうしなければならない」って，思うことがあるね。
> 気をつけたいね。

●本音が言えない

「自我関与」という言葉の広がりに伴って，増えてきたのが，次の発問です。

・もし，自分が○○（登場人物）だったら，どう思いますか。

これが，たとえば，登場人物が嫌がらせを受けている場面であれば，その心の痛みを，実感を伴って理解することができるでしょう。

けれども，これが，「Ａ：望ましい行為」と「Ｂ：望ましくない行為」を選択させる場面ではどうでしょうか。

・もし，自分が○○（登場人物）だったら，どうしますか（どう行動しますか）。

仮に，「Ｂ：望ましくない行為」を選んでしまいそうだ……と思っていても，多くの子どもは，このように聞かれれば，「Ａ：望ましい行為」を選ぶと答えるでしょう。

すると，授業は，教師の意図通りには進みますが，子どもたちの本音が出ず，どこかしらじらしい雰囲気になってしまいます。

資料に描かれている場面で，登場人物に「自我関与」して，真剣に考えることは大事です。それができなければ，「資料は，資料。自分とは関係がない」となってしまいます。これでは，道徳の学習が成り立ちません。

しかしながら，どの資料のどんな場面でも「自我関与」をさせればいいのではありません。資料によっては，「自我関与」せずに，客観的な判断をする学習も必要です。

道徳に限らず，授業の活性化を阻むのは，無用な縛りや思い込みです。授業づくりにおいては，教師自身の創意工夫こそが，最優先されるべきなのです。

● 「自分事」という言葉

「自我関与」と同時進行で，最近よく使われているのが，「自分事」という言葉です。

この言葉の出どころは，私・佐藤幸司の著書です。➡『道徳授業は自分でつくる』（日本標準，2008年4月初版）。

かつて担任した子に，「道徳が得意です」という子がいました。道徳が得意な子とは，資料に自分の経験を結びつけて考え，それを言葉で表現できる子です。このことに関して，私は，次のように書いています。

> 経験と結びつけて考えるからこそ，資料が伝えるメッセージを他人事ではない「自分事」として受けとめることができる。(p.131)

かぎかっこ「 」付きで表記しているのは，これが私の造語であることを示しています。道徳授業における子どもの思考形式を表す言葉であることをご承知ください。

「自分事」で考えたり，ちょっと離れて外から考えたり……。いろいろ考えると，道徳の勉強はドキドキ・ワクワクするね。

〜 ここが 肝心 〜

①「自我関与が中心の学習」は，多様な学習方法の例示の一つ。絶対視はしない。

②「自分事」は，佐藤幸司の造語がいつしか道徳教育界に広まった言葉。「自我関与」同様に，出どころを確かめ，真意を確認すべし。

3.「である」か「べき」か

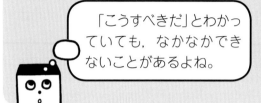

「こうすべきだ」とわかっていても，なかなかできないことがあるよね。

「こんなときどうすべきか」を考えるだけが，道徳ではありません。「こうすべきだけど，今はまだできないこと」があって，当然なのです。

●行為と当為

道徳授業の発問には，行為を問うものと，当為を問うものがあります。

行為を問う発問は，登場人物の次の行動を予想したり，その行動に至った理由を考えたりするときに使います。つまり，事実（〜である）を考えるのが，行為を問う発問です。

当為とは，「すべきこと」を意味します。この場面で，登場人物はどう行動すべきかを考えます。つまり，望ましい行動（〜すべき）を考えるのが，当為を問う発問です。

高学年の道徳教材に「手品師」があります。全8社の教科書すべてに掲載されている定番教材です。

手品師が，友人から電話をもらって悩んでいる場面があります。急病で倒れた手品師の代役として大劇場のステージに立つか，それとも，男の子との約束があるから断るのか……。

ここで，行為を問うのか，当為を問うのかで，発問が変わってきます。

①手品師は，どんなことで悩んでいるのだろうか。

②手品師は，明日，大劇場に行くだろうか。それとも，男の子のところへ行くだろうか。

これは，いずれも行為を問う発問です。①は，手品師が今悩んでいるという事実の理由を考えます。②は，展開の予想です。ここまでの手品師に関する情報をもとに，子どもた

ちは，翌日の手品師の行動を考えます。

③手品師は，どうしたらいいだろうか。

これは，当為を問う発問です。「すべきこと」を考えるのですから，現実的な思考で望ましい行動を話し合います。結論としては，男の子を一緒に大劇場に連れていけば問題は解決します。

けれども，発問③で手品師の当為を考えると，ファンタジー作品としての「手品師」は壊れます。

※『とっておきの道徳授業16』「第1章の2. リアルorファンタジーを判断せよ」p.10〜11参照

「手品師」は，こういう話なのです。あえて，話の世界を壊してまで，当為を考える教材ではありません。

ファンタジー作品を教材として用いる場合は，内容項目を必要以上に意識せずに，子どもたちを心地よいお話の世界に導くことを第一に考えるのがよいでしょう。

なるほど！　行為なのか，当為なのかをはっきり意識することが大事なんだね。

●事実と価値の混同を避ける

本項の見出しにある「である」は行為（事実）を，「べき」は当為（価値）を表していることをご理解いただけたと思います。

倫理学に「自然主義的誤謬」という言葉があります。これは，「である」と「べき」の混同を意味します。

たとえば，日常の単純な例で考えてみます。

A：私は，おいしいものを食べたい。

B：私は，おいしいものを食べるべきだ。

Aは事実ですが，健康のことを考えれば，必ずしもB（価値）とは言えません。

授業で発問をするときは，それが「である」を聞いているのか，「べき」を聞いているのかを意識しなければなりません。

登場人物の行動や心情を話し合っているとき，日ごろの生活態度が立派なのに，「価値の低い発言」をする子がいます。その子は，登場人物の行為（である）について考えて発言したのでしょう。

逆に，生活態度がよくないのに，「立派な意見」を発表する子がいます。その子は，登場人物の当為（べき）を考えていたはずです。本人の行動は伴っていないけれども，頭では「道徳的諸価値」を理解しているのだと評価してあげましょう。

「である」と「べき」の混同は，授業の混乱へとつながります。そうならないために，行為と当為をはっきり区別して授業を展開しましょう。

●「自我関与」は「である」で考える

「である」か「べき」かは，「登場人物への自我関与が中心の学習」において，特に注意しなければならない選択です。

たとえば，悪口を言われた友達から謝りの手紙が届いた……という資料です。内容項目は，「相互理解，寛容」。道徳的には，ここは，寛大な心で相手を許さなければなりません。

この場面で，登場人物に自我関与させて，「あなたなら，この友達のことを許せますか」と聞かれたら，子どもはどう答えるでしょうか。

「あんなにひどい悪口を言ったくせに，今ごろ手紙で謝ってきたって，すぐには許せない」

と考える子が当然いるはずです。でも，「あなたなら」と聞かれれば，子どもは，当為（どう行動すべきか）で考えるようになります。これが，「である」と「べき」の混同です。

結果として，「広い心で許す」という発言だけが認められ，納得のいかない思いが子どもたちに残ってしまいます。

登場人物に自我関与させ，「自分だったら？」を考えさせるのならば，それは，行為（である）を問う発問でなければなりません。

「自分だったら？」と聞かれれば，「自分にはできない」とは，なかなか言えないよね。

~ ここが 肝心 ~

①この発問は，行為を聞くのか，当為を聞くのか。まず，教師がその違いを明確に意識すべし。

②登場人物に自我関与させるなら，「である」を問う。自分の弱さを自覚し，その上で「どう行動すべきか」を考える。

4.「内容項目＝価値」ではない

道徳の授業には，必ず内容項目があるけれど，これって，どんなふうに考えたらいいのかな？

内容項目は，「価値」でもなければ，授業の「ねらい」でもありません。手掛かりとして扱うものなのです。

●ラグビー日本代表チームの「価値」

ラグビー日本代表チームは，2019年に開催されたワールドカップ日本大会で，初のベスト8入りを果たしました。試合の迫力はもちろんですが，チームが一つになって戦う姿や試合後のノーサイドの精神にも大きな称賛の声が寄せられました。この年の流行語大賞に「ワンチーム」が選ばれたのも，記憶に新しいところです。

ラグビー日本代表チームの活躍を「教材分析」すると，次のような図で表すことができます。

夢の実現へ努力

コーチ，スタッフ，応援してくれた人への感謝

仲間との絆

日本代表としての誇り

家族の支え

自身の健康管理

外国出身メンバーとの相互理解 など

これらすべての事柄が，ラグビー日本代表チームのこれまでの歩みの「価値」なのです。

●価値とは

学習指導要領（小学校）には，低学年で19，中学年で20，高学年で22の内容項目が示されています。これらの内容項目は，しばしば「価値」と呼ばれることがあります。「この資料の価値は，『生命の尊さ』です」というふうに，です。

けれども，私たちは，道徳授業を語るとき「価値」という言葉を安易に多用していないでしょうか。そもそも価値とは何なのかを，考えてみる必要があります。

価値とは，経験される事柄のある望ましさです。[注]「内容項目」は，文字通り，道徳科で学習する内容を一つずつの項目として記述したものです。ラグビー日本代表チームの活躍を左の図のように分析してみると，さまざまな内容項目が関わり合っていることがわかります。

すべての内容項目を確実に取り扱うのは，公教育に携わる教師の義務です。けれども，それは，子どもの思考を一つの内容項目の枠のなかに押し込めることではありません。

子どもたち（私たち）は，現実の社会を生きています。内容項目が先にあるのではありません。

*注 『宇佐美寛・問題意識集12 「価値葛藤」は迷信である』宇佐美寛：著（明治図書）p.76

●内容項目の誤解

内容項目については，『小学校学習指導要領　解説 特別の教科 道徳編』(平成29年告示)に次のように説明されています (p.22)。

2カ所，抜粋して記します。

・内容項目は，児童が人間として他者とよりよく生きていく上で学ぶことが必要と考えられる道徳的価値を含む内容を，短い文章で平易に表現したものである。
・内容項目は，児童自らが道徳性を養うための手掛かりとなるものである。

上記からも，内容項目がイコール価値ではないことがよくわかります。

学習指導案に，次のような記述を見受けることがあります。

この授業は，内容項目「〇〇」……ねらいとしている。

この考え方は，大きな誤解です。内容項目は，価値ではなく，まして，そのまま授業の「ねらい」にはなりません。

この場合であれば，次のように書くべきです。

➡ この授業で取り扱う主な内容項目は，「〇〇」である。

「この時間の『ねらい』は，この内容項目を教えることだ」と思い込んでしまうと，授業者は，その内容項目に直結する子どもの発言だけを優遇してしまいます。これでは，多面的・多角的な考え方は，身につきません。

●価値は支え合う

かつては，公開授業で，その時間の内容項目から外れた発言が子どもから出されると，事後の検討会では，

「あの子の発言は，今日の授業のねらいからずれていたのではないですか」

と，すぐに批判されたものです。いまだに，このような的外れな意見をいう方がいたら，

「あの場面は，子どもが多面的・多角的に考えたのです」

と（穏やかに？）反論してください。

たとえば，「生命の尊さ」について学ぶとき，「家族愛」がまったく関係しない授業はあるのでしょうか（完全に科学的・医学的な内容で授業を行うなら別かもしれませんが……）。

「価値葛藤」という言葉が使われることがありますが，価値同士（望ましいもの同士)は葛藤などしません。価値は，支え合います。

物事を多面的・多角的に考えると，道徳的行為を複数の価値が支えている構図が見えてきます。

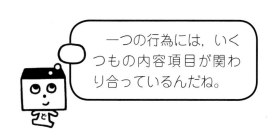

一つの行為には，いくつもの内容項目が関わり合っているんだね。

～ ここが 肝心 ～

①まずは資料に謙虚に向き合い，本当の価値は何かを見極める。
②内容項目は一つの手掛かり。とらわれると，思考が狭くなる。

5. 温かい雰囲気で実感せよ

道徳授業をやっても，あまり変わらない……って，言われることがあるよ。

道徳授業の効果は，学級の温かい雰囲気になって表れます。その瞬間・その手応えを感じることができるのは，教師自身です。

●雰囲気を感じる瞬間

　道徳授業を1時間やったからといって，子どもが劇的に変化するわけではありません。むしろ，初めは，がっかりさせられることのほうが多いかもしれません。

　2時間目に「友達と仲良く」を主題とした道徳授業を行ったのに，さっそく業間休み時間にけんかをしてくる子がいた……，などという経験はありませんか。そんなとき，
　「さっき，道徳で何を勉強したの！」
と怒鳴りたくなる気持ちもわかります。でも，
　「こんなことなら，もう道徳なんか真面目にやらない……」
なんて思わないでください。

　子どもは，急には変わりません。けれども，週1時間の道徳授業を積み上げていくと，学級のある変化に気づく瞬間があります。それは，学級の雰囲気です。学級の雰囲気が何となく温かくなってきたと感じる瞬間が必ずあるのです。

●道徳授業の手応え

　雰囲気は，目には見えません。これは，感じるしかありません。

　道徳授業では，自分の経験を語ることを大切にします。経験を語るとは，少々大げさな言い方をすれば，人生を語ることです。まだ10年前後しか生きていない子どもたちですが，子どもたちなりの人生経験があります。

　道徳授業で，自分の人生を語り，友達の人生を受け止めます。その結果，学級内に安心感が生まれます。道徳での学びが，学級の雰囲気を温かくしてくれます。

　道徳授業の手応えをぜひ実感してください。そうすれば，道徳授業がますます楽しみになるでしょう。

毎週の道徳の時間が楽しみになってきたよ。

〜 ここが 肝心 〜

①1時間の道徳授業で，子どもは急には変わらない。その効果は，ゆっくりと着実にやってくる。

②温かく居心地のいい学級の雰囲気。道徳授業の確かな手応えがそこにある。

第2章

実感！ リアル教材の迫力

実　践　編

第2章

実感！ リアル教材の迫力

1. 注文と違う料理が来たら？

<関連する主な内容項目>　B　相互理解・寛容

　料理店で，ハンバーグを頼んだのに餃子が出てきたら，あなたはどうしますか。「違う料理ですよ」と声に出して，料理を交換してもらうでしょうか。でも，ここは，「注文をまちがえる料理店」。間違った料理が届いても，みんな満足そうに食事をしています。

　店員さんは，認知症の高齢者です。心のなかに「少しの寛容さ」があれば，みんなが気持ちよく暮らせるようになるのです。

教材　・「注文と違う料理が来たら」
　　　　ニュースde道徳　佐藤幸司：監修
　　　　読売新聞　2019年7月31日

一段上に

■ 相手を理解するということ

　「注文をまちがえる料理店」を開いたプロデューサー・小国士朗さんは，「人が間違いを受け入れれば，間違いは間違いでなくなる」と言います。この店では，違う料理が出てきても，客は誰も怒らずに食事を楽しんでいます。

　店内の和やかな雰囲気や，笑顔で共に幸せそうな時間を過ごす客や店員の様子から，子どもたちは，相手を理解することの大切さに気づいていきます。

■ 日常生活へのつなぎと家庭との連携を

　中学年の子どもたちは，少しの意見の食い違いから感情的な対立が生じることが少なくありません。そんなとき，この授業で学んだ「少しの寛容さ」を思い起こさせます。「感情的になるのは，自己本位でカッコ悪いことだ」という美意識をもたせましょう。

　また，これから進む高齢化社会において，認知症に対する理解はますます大切になっていきます。この授業の様子（子どもの感想など）を学級通信などで家庭に知らせて，授業を通じた家庭との連携を深めてください。

指導目標

「注文をまちがえる料理店」の取り組みを通じ、相手のことを理解し、互いの違いを受け止めながら穏やかに過ごそうとする態度を育てる。(道徳的態度)

準備するもの

・「注文をまちがえる料理店」の看板の写真(提示用)
　※ウェブサイトからの検索画像
・教材「注文と違う料理が来たら」(22ページに掲載)(配付用)

授業の実際

「注文をまちがえる料理店」の看板の写真を提示。子どもたちの反応を耳で聞きながら、黒板に

～～～～～～～～～～～～～～～～～～
注文をまちがえる料理店
～～～～～～～～～～～～～～～～～～

と書く。

東京・霞が関に2019年春、2日間限定でオープンした店であることを伝えて、次のように問いかけた。

❶この店は、どんなお店なのでしょうか。

子どもたちからは、
・メニューがたくさんあって、(客が)間違って注文をしてしまうお店。
・店の人が間違って、違う料理を出してしまうお店。
という2つの考えが出された。

これは教材に興味をもたせるための「導入」の段階なので、あまり時間はかけずに、
「どんなお店なんだろうね」
と返して、教材(22ページに掲載)のA段落を読み聞かせた。

❷店の名前の意味や店内の雰囲気で、

感じたことを発表しましょう。

列ごとの指名で、順番にテンポよく発表させた。次のような発表があった。
・店の名前の意味がわかった。お客さんも店員さんも、楽しそう。
・間違っても誰も文句を言わなくて、いい雰囲気。
・料理はプロが作っているから、何が出てきてもおいしいのかも。

子どもたちの意見を板書し、チョークで囲んで、
「これが、『間違いは間違いでなくなる』ということなんだね」
と話した。

続いて教材のB段落を読み聞かせ、グループホームで違う料理が来た場面について考える。

❸違う料理が来てもまわりの人が満足そうに食べていたのは、なぜでしょうか。

「注文したのと違う料理が来たら、『これは注文していませんよ』って、言いませんか?」
と話し、子どもたちの返答を待った。

次の意見が出された。
・最初は「あれっ?」って思うけど、おいしそうなので「まあ、いいか」と思って食べた。
・みんなで楽しく食べると、ハンバーグでも餃子でもおいしいから。
・おばあちゃんたちが一生懸命に料理を作ったり運んだりしているので、文句を言うのが悪いと思った。

ここで実感!

違う料理が来たら「違う」と声に出すのは、当然のことと思われる。しかし、この店の人たちは、我慢するのではなく、満足そうに食事をしている。その理由を話し合うことで、相互理解や寛容の心の大切さを感じさせていく。

意見が出つくしたら、
「この店には2つのルールがあります。それは、何ですか」

と問い，板書して確認する。

> （1）おしゃれでおいしい。
> （2）わざと間違えることはしない。

❹この2つのルールについて話し合いましょう。

ここは，ホワイトボードを使ったグループ討議を取り入れた（ホワイトボードがなければ，画用紙などを配付し，話し合いの内容を記録させる）。

10分間ほど時間をとった後，全体で発表させた。

⑴に関すること
・お客さんはお金を払って食事に来るのでおいしくておしゃれなのは，とてもいいことだ。
・真剣にがんばっていることが伝わるので違う料理が出てきても満足そうに食べられるのだと思う。

⑵に関すること
・お店の名前がおもしろいので，間違えることを楽しみにして来る人もいるかもしれないけれど，「そうじゃないんだ」ということがわかる。
・「間違えることは，やはりつらいことだ」と書いてあった。間違った人のことを笑ったり，からかったりしてはいけないんだということを教えてくれる。

◎両方に関すること
・きちんとしたルールがあると，お客さんからのクレームなどもないのだと思う。
・ここで働く高齢者の方も元気になれるようなルールだと思う。

ここで実感！

2つのルールの根底には，相手（高齢者）を尊敬する気持ちや，料理店を運営する上でのプロ意識がある。社会貢献活動ではあるが，「〜してあげる」という目線ではなく，共に今を生きていくという考えが大切であることに気づかせる。

お店のルールについての意見交流を終えたら，教材のC段落を読み聞かせた。
「何か難しい言葉が出てきましたね」
と話すと，子どもたちから，
「寛容さ」
という声が返ってきた。
「どんな意味かな？」
と問いかけると，さっそく国語辞典を引いて調べた子たちから，
・心が広いこと
・相手の失敗を許すこと
という発表があった。
ここで，黒板に

> 少しの寛容さ

と書き，次のように聞いた。

❺「少しの寛容さ」とは，どんな心でしょうか。

子どもたちからは，教材の内容に関わって，次のような意見が出された。
・店員さんのおじいちゃんやおばあちゃんが違う料理をもってきても，怒ったりしないで，笑顔で食べること。そういう心。
・自分だって間違えることはあるから，違う料理でも，せっかく作ってくれたんだから「まあ，いいか」と思って，笑顔で食べられる心。
ここで，「自分だって」という子どもの発言につなげて，
「じゃあ，自分も『少しの寛容さ』をもってこんなことができたよ……ということはありますか」
と聞いてみた。すると，
・給食のとき，お汁がお盆にこぼれていたけど，『まあ，いいか』と思って，気にせずに食べた。
という発言が出された。料理店との関連から，食事の場面が真っ先に思い浮かんだようである。
この後，食事以外にも自分の経験がたくさん発表され，穏やかな雰囲気のなかで授業を終えることができた。

●**教材** 「注文と違う料理が来たら」 ニュース de 道徳 佐藤幸司：監修 読売新聞 2019年7月31日

注文と違う料理が来たら

ニュース de 道徳

第2、第5水曜日に掲載します。

「注文をまちがえる料理店」で接客の様子を笑顔で見守る、発起人でフリーのプロデューサーの小国さん(右から2人目)(今年3月、東京都千代田区で)

東京・霞が関にこの春、ちょっと変わったお店が2日間限定でオープンしました。お店の名前は「注文をまちがえる料理店」。一体どんなお店なのでしょう。 Ａ

ホットコーヒーを頼んだのにアイスコーヒーが出てくる。「大した問題ではないですよ」と注文した女性が笑います。別のテーブルでは、注文を忘れたスタッフが、お客に聞き直しに行きました。同じような間違いがあちこちで起きますがお客は怒らず、店内は、のんびり和やかな雰囲気です。

このお店は「注文をまちがえる料理店」。料理は、プロが作りますが、注文を取り料理を運ぶのは、認知症の65〜91歳の男女7人です。お店を開いたフリーのプロデューサー、小国士朗さん(40)は、「人が間違いを受け入れれば、間違いは間違いでなくなる」と言います。 Ｂ

小国さんはNHKに勤務していた2012年、番組の取材で名古屋市内のグループホームを訪れました。施設では、認知症の高齢者が、料理や買い物、掃除などをしていました。

昼食をごちそうになりましたが、出てきたのはメニューにあったハンバーグでなく餃子でした。「あれ、違うよ」と言いかけましたが、声に出すのはやめました。周りの人は満足そうに餃子を食べていたからです。自分も間違いもすっかり忘れていたそうです。

その後、小国さんは体調を崩して映像制作の仕事から離れましたが、「やるなら今しかない」

と思い立ち、仲間と認知症の人が働く料理店を開く準備を始めました。

お店のルールは二つだけ。まずは、おしゃれでおいしいこと。認知症の人といっても、間違えるのは本末転倒という考えからです。もう一つは、わざと間違えることはしない。認知症の人にとっても、間違えるのは、やはりつらいことだからです。

17年、都内で初めての「料理店」を開くと、SNSでも紹介されて話題になりました。その後、同様の取り組みが広まり、中国や韓国、イギリスでも行われています。 Ｃ

【小国さんの言葉】「『こうでないとダメだ』と型にはめて思い込むと、どんどん窮屈になります。『ま、いいか』。少しの寛容さがあれば気持ちよく暮らせます。間違いを受け入れ、一緒に楽しむ。すると、世界の見え方が変わります」

【みんなで考えよう】

①店名の意味や店内の雰囲気で感じたことを発表しよう。
②違った料理が来ても周りの人が満足そうに食べていたのは、なぜだろう。
③お店の二つのルール(おしゃれでおいしい、わざと間違えない)について話し合おう。
④「少しの寛容さ」とは、どんな心か。自分の経験を思い出して発表しよう。

読売新聞オンラインでは、この道徳テーマの授業の際に参考になるニュースを紹介しています。スマートフォンはQRコードからもアクセスできます。

※本文中の教材のA, B, C段落は, 記事内のA, B, Cに対応している。

所見文例

◆ この授業で この言葉を ◆

「少しの寛容さ」をテーマにした学習では, 相手の立場や考えを理解すると互いに気持ちよく暮らせるようになることに気づき, これからの生活に生かしていこうという思いをもちました。(自己の生き方)

(山形県 佐藤幸司)

2. 食品ロス
～魚1匹に30万人～

<関連する主な内容項目>　B　感謝

　今，大きな問題になっている「食品ロス」。食べ物を残さず食べるということだけにとどまらず，一つのものに関わる数え切れない程の人の思いとつながりを感じることで，感謝して食事をするという心を育みます。

　イラストや映像を活用すると，低学年の子どもには少し難しく思える内容も，わかりやすく，楽しく考えさせることができます。

教材　・「**食卓縁起**」 株式会社kaede 良書普及会
　　　　・「**食品ロス**」を伝える新聞記事

一段上に グレードUP!

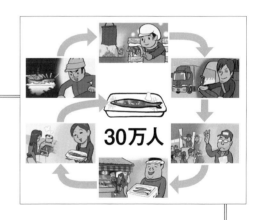

■ たくさんの人の思いがつながっている

　物の豊かな日本に生まれた私たちは，物があって当たり前と思いがちです。食べ物を誰がどこでつくり，どのようにして運ばれ，誰が調理したのかを日常の中で意識することはあまりありません。

　1匹の魚にも，多くの人が関わっています。1匹の魚でそうなのですから，食卓全体としては，膨大な数の人が関わっていることが想像できます。その一人一人の温かな思いを実感できるかどうかで，食事をするときの感謝の心が変わってくるはずです。

■ 普段の食事で実感させ，身につける

　道徳の授業で1回学習したからといって，その気づきや思いを継続させることは難しいと思われます。食事（特に給食指導）のとき，機会を見つけて多くの人の思いやつながりについて触れていくようにします。

　難解と思われる現代的課題であっても，提示の仕方を工夫することで低学年の子どもたちにもはっきりと伝えることができます。授業で学んだことを実践化へと向かわせるためには，家庭の協力が欠かせません。懇談会や学級通信などで，授業について紹介していくと効果的です。

指導目標

一つの料理が出されるまでに，多くの人が関わり，誠意をもって仕事していることを知り，感謝の気持ちをもって食事をする心情を育てる。（道徳的心情）

準備するもの

・焼き魚のイラスト（提示用）
・釣り人，市場の人，トラックの運転手，魚屋さん，料理する人，家族のイラスト（提示用）
・食べ物が捨てられている場面の写真（提示用）
・映像「食卓縁起」（活用すると効果的）

授業の実際

「これは何でしょう」
と言って，焼き魚の写真を提示した。
「みんなに焼き魚を作ってくれる人は誰ですか」
と聞くと，子どもたちは，
「お母さん」
「給食の先生」
と口々に言った。

❶そのほかに，焼き魚を作るためにどんな人が関わっていますか。

発表した子どもが次の子どもを指名するリレー方式で，次々に板書していった。
・釣る人
・お父さん
・トラックに積む人，運ぶ人
・魚屋さん
・魚屋さんに渡す人
・スーパーの人
・魚をさばく人，骨を取る人
・市場の人
発言が出つくしたところで，
「すごいですね。みなさん，たくさん出すことができましたね。では，考えてくださいね」
と言って，次のように問いかけた。

❷魚1匹が給食に出るまでに，全部で何人くらいの人が関わっているでしょうか。

4択にして手を挙げさせた。
①10人
②100人
③1000人
④それ以上
人数を確認した後，
「では，こちらの映像を見てください」
と言って，「食卓縁起」の映像を流した。「縁起」には，「つながり」という意味がある。一つのものには，たくさんの「つながり」があるという内容の映像である。

鑑賞後，内容をおさらいした。釣る人や市場の人のイラストを黒板に張っていき，さらにそれぞれ働いている人たちには，その生活を支える家族がいることを説明した。

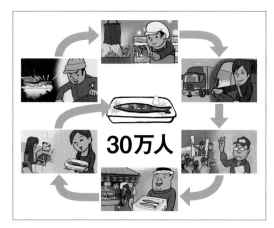

※映像の入手先は，p.26に掲載。映像を用いると効果的だが，イラストだけでも授業は行える。

「これらの人たちをみんな合わせると，大体これくらいの人数になります」
と言って，黒板に「300000人」と書くと，子どもたちからは，
「ええ，30万人！ すごい！」
と声があがった。ここで，
「つまり，正解は……④です」
と言って，赤で④を囲んだ。

❸映像やイラストを見て，思ったことや感じたことを発表しましょう。

・魚を，丁寧に，大切にしていると思った。

・大切に食べたい。
・たくさんの人がかかわっていて，すごい。
・手間をかけている魚を食べられて，幸せだと思った。
・大人の人の仕事にありがとうを言いたい。
ここで，
「では，魚１匹に30万人だとすると，給食全体では何人の人が関わっているのでしょうね」
と問いかけ，１回の食事に数え切れないほどの人が関わっていることを実感させた。

❹一人一人が，どんな気持ちで仕事をしてくれていると思いますか。
・みんなにおいしい魚を食べて元気になってほしい。
・大切に食べてほしい。
・みんなのために働いてくれている。
子どもたちの発表を聞いた後，
「ところで今，あることが問題になっています」
と言って，「食品ロス」と板書し，
「知っている人？」
と聞いたところ，多くの子の手が挙がった。
ちょうど授業を行った10月は「食品ロス月間」だったので，給食の放送で何度か紹介されていた。
発表した子どもを褒めて，「食品ロス」を伝えるいくつかの新聞記事から内容を要約して，次のように伝えた。
「２月の節分のときに，恵方巻きが大量に捨てられています。また，日本のみんなが，茶碗１杯のごはんを捨てるくらいの量の食べ物が，毎日捨てられているそうです。このクラスだけでも，毎日28杯分のご飯が捨てられているということになります」
子どもたちは，驚いた表情をしていた。さらに，食べ物が捨てられている場面の写真も提示して，「食品ロス」についてどう思うか聞いたところ，
・働いている人たちに悪い。
・まだ食べられるのに，もったいない。
という返答があった。
「実は，私たちの学校でも，食品ロスが問題になっているのですよ」

と話して，学校では１日にどれくらいの残菜が出ているのかを伝えた。
給食室近くの廊下に，「今日の食品ロス」として残菜の量が掲示されていた。その量は，194キロ。重さを実感できるように，
「194キロとは，みんなが６，７人分くらいの体重を合わせた重さですよ」
と説明した。
次に，給食の先生からのメッセージを読み上げた（26ページに掲載）。

ここで実感！

> 自分たちも「食品ロス」に関わっている事実を知らせる。また，残菜として戻ってきたときに，作った人がどのような気持ちになるのか，生の声を聞くことで，食べ物を大切にいただきたいという気持ちをもたせる。

❺学習をして，わかったこと，思ったこと，考えたことなどを書きましょう。
ワークシートに書かせてから発表させた。
・僕たちのために，ありがとうございます。
・魚は頭からしっぽまで，残さず食べたいし，給食で盛りつけてもらったものは，全部大切に食べたいです。
・減らしても，その分おかわりして食べるようにしたいです。
・感謝の気持ちで食べたいです。
・魚が嫌いだけれど，学校で194キロ食品ロスしているから，残さないように食べたいです。
・残してしまったら，運んでくれる人や農家の人にも申しわけないことをしていたんだなと思いました。みんな，私たちのために働いてくれている人だとわかりました。
発表を終えたら，「食品ロス」を減らすためのコンビニやスーパーでの取り組みと法整備（食品ロス削減推進法）を紹介した。また，「フードバンク」や，アフリカの子どもたちが飢餓の状態にあることを，写真を見せて説明し，授業を終えた。

●**教材** 「食卓縁起」 株式会社kaede 良書普及会

「縁起」とは，「つながり」を意味する。

魚1匹が食卓に届くまでには，漁師さんやトラックの運転手さんをはじめ，数え切れないほどの人が関わっている。

それを楽しい歌に乗せて，わかりやすく教えてくれる動画である。

食卓縁起
~すべては愛でつながる~

入手希望の方は，株式会社kaede 良書普及会 books@kaede-inc.co.jp まで，映像資料を入手したい旨を記載の上，メールにてお問い合わせしてください。

●**給食担当の先生からのメッセージ**

①どのような思いで給食を作っていますか。
・みなさんが給食を食べることで，健康ですくすくと大きく成長してくれることを願い，心を込めて毎日作っています。
・おいしい料理は心も幸せにしてくれるので，クラスのお友達と楽しく過ごせる時間になったらいいなと思います。
②給食が残って戻ってくると，どう思いますか。
・一生懸命作ったのに，どうして残ってしまったのだろう，何が悪かったのだろうとずっと考えてしまいます。
・料理が粗末に扱われると，涙が出るほど悲しくなります。作ってくれた農家の人や，運んでくれたお店の人，調理してくれた調理員さんにも大変申しわけなく思います。盛り付けられた給食は，残さずきれいに食べることができる子どもになってほしいと思います。感謝の気持ちも忘れずに。

所見文例 ◆ **この授業で この言葉を** ◆

「感謝」をテーマにした学習では，一つの食べ物にも多くの人が関わっていることや，その人たちの願いに気づき，食事を感謝の気持ちで残さずいただきたいという思いをもちました。（自己の生き方）

（千葉県　勝治麻由子）

3. 夢はオリンピックの通訳

<関連する主な内容項目>　A　希望と勇気，努力と強い意志

　高見澤摂子さんは，イギリスBBC放送局が選ぶ「100人の女性」(2018年)の一人です。90歳という高齢にもかかわらず，2020年の東京オリンピックで外国人と英語で話したいという目標をもち，毎日通信アプリを介して，お孫さんから英語を教わっています。高見澤さん流の英語の覚え方や，明るく笑顔で努力する姿は，こちらが励まされるような気持ちになります。高見澤さんの姿を通して，目標をもつこと，それに向かって前向きに取り組むことの大切さを実感させたいと思いました。

教材
- **男女別なりたい職業ランキング**
  出典：小学生　第一生命保険株式会社「夏休みこどもミニ作文コンクールアンケート2017年」
  参考：中学生・高校生　ソニー生命保険株式会社「中高生が思い描く将来についての意識調査2017」
- **高見澤摂子さんの顔写真**
- **動画「『BBCが選ぶ100人の女性』2020年東京五輪のガイドを夢見る高見澤摂子さん」**
  https://www.bbc.com/japanese/video-46368284

©高見澤摂子

一段上に

■ 明るい気持ちでがんばる姿

　子どもたちは，自分の目標に向かって一生懸命に努力することの大切さを知っています。しかし，どのように努力するかは人それぞれであることにまでは，理解が及んでいないこともあります。高見澤さんの考え方・生き方を通して，自分なりの方法で努力すること，そして，すぐに諦めず「きっと大丈夫」と明るく前向きな姿勢でがんばることの大切さを学ばせたいと思います。

■「こうなりたい」とそれぞれの目標をもつ時期に

　少し先の未来に向けて夢や目標をもつことは，「どんな自分になりたいか」を思い描くことにつながります。目標とする姿を思い描いたら，そのイメージに近づくためにどのように努力していくのかが大切です。
　学期や学年の切り替わる時期など，学校生活の節目となる時期に実施し，自分の夢や目標に向かって具体的にどんなことをしていくのかを考える機会をつくりましょう。

指導目標

　自分の夢の実現のために努力を続ける高見澤摂子さんの姿を通して，自分の目標に向かって前向きに物事をやり抜こうとする態度を養う。（道徳的態度）

準備するもの

・「小学生　大人になったらなりたいもの」(30ページに掲載)，「中学生・高校生　将来なりたい職業」（共に提示用）
・高見澤摂子さんの顔写真（提示用）
・動画「『BBCが選ぶ100人の女性』2020年東京五輪のガイドを夢見る高見澤摂子さん」

授業の実際

　男子小学生の将来の夢ランキング（1～3位，以下同様）を提示する。実際の授業では，2017年版のランキングを提示した。

```
　　男子小学生の将来の夢ランキング
　　　1位　学者，博士
　　　2位　野球選手
　　　3位　サッカー選手
```

❶これは，何のランキングでしょう。

　子どもたちからは，
　　・将来の夢かな。
　　・あこがれの仕事。
　　・男子が好きそうな仕事みたいだ。
という返答があった。何人か予想を発表させてから，
「男子小学生の将来の夢ランキングです」
と伝えた。
　次に，女子小学生のランキングを提示し，将来の夢についてイメージをさせた。

```
　　女子小学生の将来の夢ランキング
　　　1位　食べ物屋さん
　　　2位　看護師
　　　3位　保育士，幼稚園の先生
```

　続けて，中学生のランキングを提示。テンポよく進めるため，中学生のランキングは男子女子を同時に提示した。

```
　　中学生の将来の夢ランキング
　　男子　1位　ITエンジニア
　　　　　2位　ゲームクリエイター
　　　　　3位　ユーチューバー
　　女子　1位　芸能人
　　　　　2位　絵を描く職業
　　　　　3位　医師
```

　子どもたちの反応は，
　　・ユーチューバーが入っているね。
　　・小学生のランキングとは，結構違う。
　　・男子は何かをつくる人が多いね。
など，さまざまであった。

❷では，高校生の将来の夢ランキングを当ててみましょう。

　小学生，中学生の流れで，自然と次は高校生のランキングを知りたいという感覚になってくる。ここでは，子どもの興味をさらに高めるために，ランキングをクイズ形式で考えさせた。職業が書いてある部分を隠し，どんな職業が入ると思うか問いかけた。
　子どもたちの間からは，
　　・またユーチューバーが入っていそう。
　　・パソコン関係の仕事はあるかも。
　　・人の役に立つ仕事が入るのかな。
という声が聞こえた。

```
　　高校生の将来の夢ランキング
　　男子　1位　ITエンジニア
　　　　　2位　ものづくりエンジニア
　　　　　3位　ゲームクリエイター
　　女子　1位　公務員
　　　　　2位　看護師
　　　　　3位　芸能人
```

　ランキングを知らせた後，年代によって，将来の夢が少しずつ変わっていることを確認した。「次は……」と言いながら，高見澤さんの顔写真を提示した。

❸では，この人の夢は何でしょう？

　小学生➡中学生➡高校生のランキングと続いた後で，突然知らない女性の写真が出てきたので，子どもたちは少し驚いた様子だった。

　「誰ですか」
という質問があったので，お名前（高見澤摂子さん）と千葉県在住の90歳の方であることを伝えた。そして，改めて高見澤さんにはどんな夢があるのか考えさせた。すると，

　　・長生きすることかな。
　　・世界一周旅行。
　　・スポーツ選手。
という返答があった。

　子どもたちは，90歳のおばあさんがどんな夢をもっているのか，それぞれよく考えて発言したが，なかなか実際の答えに近いものは出なかった。そこで，

　「ヒントは，オリンピックで○○することです」
と伝えた。答えは「通訳」であるが，すぐには教えず，まずBBCの動画を見せた。

　※検索➡「『BBCが選ぶ100人の女性』2020年東京五輪のガイドを夢見る高見澤摂子さん」

　全体で約3分の動画である。高見澤さんが英語で自己紹介をしていたり，インタビュアーに答えたりする場面が見られる。また，高見澤さんがお孫さんに教えてもらって英語を学習していることもわかる。

ここで実感！

　動画では，まだ英会話に不慣れな高見澤さんが，明るい様子で楽しみながら英語を学ぶ姿を見ることができる。明るく前向きに努力することの尊さが子どもたちの心に伝わってくる。

❹高見澤さんは夢をかなえるためにどんなことをしていましたか。

　　・孫に英単語を教えてもらっていた。
　　・自己流で英語を覚えていた。
　　・ノートにたくさんメモしていた。

　出された意見を聞きながら，高見澤さんが自分のできる方法を工夫しながら，夢をかなえる努力をしていることを確認した。

　発言が出つくしたところで，高見澤さんがインタビューを受けていたのは，イギリスの放送局（BBC）の「今年の女性100人」（2018年版）という特集であることを説明した。この「今年の女性100人」は，世界の人々に影響を与えた女性として選ばれるものである。

　子どもたちからは，
　「お〜，すごい」
という驚きの声が聞こえた。

　ここで，高見澤さんがオリンピックで外国人と英語で話したいと目標にしている2020年と，自分たちの2020年についてを比較させて，次の発問をした。

❺みなさんは，2020年に向けて，どんな夢をもちますか。そして，その夢をかなえるために，どんな努力をしますか。

　この授業は，2018年度5学年の学級で実施したため，2020年3月の「卒業」につなげて考えさせた。学級の実態に合わせてめあてをもたせるのがよいだろう。

　ここでは，特に発言は求めずに，自分の思いと向き合えるよう，ノートに考えを書かせた。

　　・小学校を卒業するから，胸を張って卒業できるように，最高学年としてみんなの手本になりたい。そのために，当たり前のことは今からしっかりやっていきたい。
　　・2020年卒業するまでに，もっと学校の人，下級生や先生に優しく接したい。特に，6年生になったら1年生と兄弟学年になるから，1年生に優しく関われるように普段から言葉遣いに気をつけていきたい。
　　・誰にでも，明るくあいさつできる人間になりたい。そして，中学校でもたくさんの友達をつくりたい。まずは，毎朝の「おはよう」を自分からクラスの友達にたくさん言えるようになる。

●資料　小学生　大人になったらなりたいもの 第一生命保険株式会社「夏休みこどもミニ作文コンクールアンケート2017年」

・男子
　1位：学者・博士　2位：野球選手　3位：サッカー選手
　4位：お医者さん，警察官・刑事　6位：大工さん　7位：消防士・救急隊
　8位：食べ物屋さん　9位：建築家，水泳選手，電車・バス・車の運転手，料理人
・女子
　1位：食べ物屋さん　2位：看護師さん　3位：保育園・幼稚園の先生
　4位：お医者さん　5位：学校の先生（習い事の先生）
　6位：歌手・タレント・芸人，薬剤師さん　8位：飼育係・ペット屋さん・調教師
　9位：ダンスの先生・ダンサー・バレリーナ，デザイナー

●子どもの感想

　2019年度に5年生の学級にて追試をした。その時は，2020年＝最高学年になる年として，子どもたちにどんな目標をもち，どのように努力していくのかを授業の終末に書かせた。

・下の学年と仲良くできるような最高学年になりたい。そのために，今からみんなともっと仲良くなる。
・全員から信頼されるようになるために，言われたことはする。約束を守る。
・低学年に優しくして，低学年のお手本みたいな最高学年になる。そのために，日ごろから，低学年の子が困っていたらすぐに助けてあげる。
・大人っぽい6年生になりたい。自分のことは自分でやるし，やることがあれば，進んで行動する。
・みんなのお手本のような人になりたい。人に優しくしたり，わからないことがあったら教えてあげたりする。
・最高学年になったら，低学年の子たちに優しくしたり，困っていたら助けてあげたりする人になる。一番上の学年だから，縦割りグループを仕切れるような人になる。これから，困っている子がいたら「どうしたの？」と言ってあげて，小さな心掛けから始めたい。
・低学年に好かれる最高学年になりたい。今から低学年の子たちといっぱい遊んで，仲良くなってみんなに知られるように努力する。

所見 文例	◆ この授業で この言葉を ◆

> 「希望と勇気，努力と強い意志」をテーマにした学習では，目標に向かって前向きにがんばることの尊さを知り，自分も下級生にもっと信頼される6年生になりたいという思いをもちました。（自己の生き方）

（千葉県　伊藤　唯）

4. 外来生物

<関連する主な内容項目>　D　自然愛護

　動物園などでよく見かけるリス。エサやり体験や触れ合いができる施設で、寄ってくるリスにえさをあげると、頬袋を膨らませて食べるその姿を間近で見ることができ、癒されます。そんな身近な生き物であるリスが何千匹も殺されています。いったい何が起きているのでしょうか。

　外来種と呼ばれ、駆除される生き物たちがいます。そのほとんどは人がほかの地域から持ち込んだ生き物です。外来種の問題を通して、ペットなどの生き物との関わり方を考えます。

教材　・「特定外来生物タイワンリス6000匹が65匹
　　　根絶メド」毎日新聞　2018年6月30日

一段上に

■ 他人事から自分事へ

　導入で提示した愛くるしいリスの写真から抱くイメージとそれらが駆除されているという現実との対比が、子どもたちを授業に引き込みます。

　テレビなどで話題になっている外来種は、どこか他人事です。しかし、授業が進むにつれて、ごく身近な存在に変わっていきます。教材と自分の体験が重なったとき、子どもたちは外来種問題が自分と無関係でないことに気づいていきます。

■ 日常生活へのつなぎと家庭との連携を

　外来生物法により、法律で駆除対象に指定されている外来種がいますが、すべての外来種＝悪者という意味ではありません。残念ながら外来種の問題は小学生のレベルでは解決することはできません。しかし、自分たちの問題としてできることはあります。

　この授業の様子（子どもの感想など）を学級通信などで家庭に知らせて、授業を通じた家庭との連携を深めてください。

指導目標

外来種（タイワンリス）駆除の事例を通して，人と生き物との関わりについて考え，自然環境を大切にしようとする態度を育てる。（道徳的態度）

準備するもの

・タイワンリス，被害の様子，そのほかの外来種の写真（提示用）
・新聞記事の見出し（提示用）

授業の実際

タイワンリスの写真を黒板に提示して，次のように問いかけた。

❶何のどんな写真でしょうか。

子どもたちからは，
・リスなどがかわいい。
・ペットにしたい。
・岐阜県にあるリス園みたいなところで，餌をあげたことがある。
などの意見が出された。これは教材に興味をもたせるための「導入」の段階なので，
「リスに触れたり，餌をあげたりしたことはあるかな」
と問いかけ，写真を見た感想やリスと触れ合った体験などをたくさん出させた。

❷このリスのことで熊本県の宇土半島では，地域をあげて取り組んでいることがあります。どんなことだと思いますか？

・ゆるキャラをつくる。
・リス園のようなものをつくってみんなに楽しんでもらう。
・リスと遊べる施設をつくる。
・リスのことをみんなに知ってもらって，市に来てもらう。

子どもたちから，リスのかわいさに注目した意見がたくさん出された。
ここで，次の資料を提示する。

> リス　6000匹が65匹に
> 熊本県宇土半島□□□□成功

❸これはある新聞の見出しです。どういうことだと思いますか？

子どもたちに□□□に入る言葉を考えさせた。
・数がすごく減っている。
・□□□には何が入るのかな？
・数が減っているのに，何に成功したのかな？
・だったら，赤ちゃんかな？（人工繁殖？）
・市はリスを保護しようとしているのかな？
・逆に市がリスを殺しているのかな？
・もしかしたら，市がリスの数を減らしたのかな？

子どもたちからは，ここまでのリスに対する「よいイメージ」と，数が減っているという「よくない事実」とのギャップに戸惑いの声があがった。

意見が出つくしたところで，□□□に入る言葉が 封じ込め であることを伝えた。市が封じ込めるためにリスを駆除していること，そして，封じ込めや駆除の言葉の意味を伝えた。子どもたちの間からは，
「じゃあ，人間がリスを殺したんだ」
「数を減らすことに成功したという記事だ」
という声が聞こえた。

❹どうして地域を挙げて，このような取り組みをしていると思いますか？

次のような意見が出された。
・何か悪さをしているから。
・農作物に被害を与えている。
・外来種なんじゃないかな。

ここではあまり時間はかけずに，被害の写真を黒板に掲示し，新聞記事を，意味を伝えながら読み聞かせた。リスの駆除は農業被害や樹木への被害が原因で，行われていること

も伝えた。

❺宇土半島でのタイワンリスのような事例を外来種問題と言います。どうして外国の生き物が日本にいるのでしょうか？

・海を越えて日本に渡ってくる。
・外国から来る荷物に紛れてくる。…①
・飼っていたものが逃げた。…②
・飼えなくなって，わざと逃がした。…③

子どもたちの意見を板書した後，
「この生き物を知っていますか」
と，農業や環境に被害を与えているほかの外来種の写真をクイズ形式で紹介し，黒板に掲示していった。

ミドリガメ　　　　　ブラックバス

ブルーギル　　　　　ジャンボタニシ

　赤チョークで線を引いて，子どもたちから出た意見①②③を確認しながら，主に人の行動が原因であることを伝えていく。上記の意見が子どもたちから出なかったら，教師が補足して板書する。
　宇土半島の場合は，1993年ごろ私設動物園で飼育が始まり，そこにいたリスが何らかの原因で動物園から逃げ，それが自然環境の中で増えていったこと。2004年ごろから栽培が盛んなミカン類や柿などの果実・樹木被害が

報告されるようになったことを伝えた。

> ### ここで実感！
> 　外来種の問題を引き起こしているのは，人間の行動が原因であり，自分たちが自然環境に害を与える一因になっていることに気づかせる。

❻外国産の生き物を飼ったり，飼いたいなと思ったりしたことはありますか。

・外国産のオオクワガタを飼っている。
・グッピー（魚）を育てている。
・飼育はしてないけれど，光るメダカを店で見たことがある。

　子どもたちの多くは，発言にあったような外国産の生き物を，商業施設などのペットショップで実際に目にしていた。

> ### ここで実感！
> 　外来種問題というと，自分たちとはあまり関係のない出来事のように思えるが，実は自分たちの身近に外来種は存在し，簡単に入手できたり，飼育できたりすることに気づかせる。

❼私たちは，外来種とどのように関わっていけばよいのでしょうか。

　次のような意見が出された。
・外来種だけでなく，ペットを飼うなら最後まで責任をもって飼う。
・飼う人は，害を与えてしまう外来種のことをもっと勉強しなければならない。
・勝手に自然に放さない。
・後で殺す（駆除する）なら，最初から飼ったりしないことが大切。

❽今日の授業の振り返りをワークシートに書きましょう。

　この授業でわかったことを，ワークシート（またはノート）に記入させる。机間巡視をしながら記入状況を把握し，数名の子どもに発表させ，授業を終えた。

●**教材** 「特定外来生物タイワンリス6000匹が65匹　根絶メド」毎日新聞　2018年6月30日　より一部転載
熊本の宇土半島　封じ込め成功，根絶目標を21年3月に

　熊本県の宇土半島で一時6000匹を超えるほど繁殖し，果樹被害などをもたらしてきた特定外来生物のタイワンリス（別名クリハラリス）が昨年，推定65匹にまで減ったことが駆除を進める地元の連絡協議会の調査で分かった。半島への封じ込めが成功した形で，協議会は「めどが立った」として根絶目標を2021年3月に定めた。専門家は「数千匹を超える外来リスの繁殖群を根絶した例は世界的にもなく，貴重な実践だ」と評価する。

　宇土半島では1993年ごろ私設動物園で飼育が始まり，04年ごろから栽培が盛んなミカン類や柿などの果実・樹木被害が報告されるようになった。10年には推定生息数が6000匹を超えたことから，環境省▽林野庁▽県▽宇土，宇城両市▽JA▽学識経験者——などで協議会を設置した。

●**板書計画**

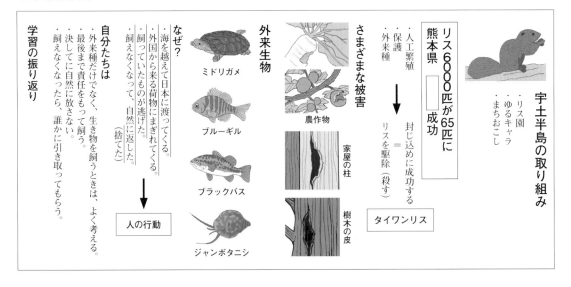

所見
文例

◆ この授業で この言葉を ◆

　「外来生物」をテーマにした学習では，外来種は自分たちの身近にいることや，生き物を飼うときには責任をもつことが必要であることがわかり，これからの生活に生かしていこうという思いをもちました。（自己の生き方）

（三重県　中川正浩）

5. しあわせなランドセル

<関連する主な内容項目> 　A　節度，節制

　幸せなランドセルの話を知ったのは，今から２年ほど前になります。大分合同新聞の
コラム「東西南北」で紹介された実話です。小学校を卒業するまで大切に使われ続けた
ランドセルは，きっと「ありがとう」と持ち主に伝え続けているに違いありません。
　低学年の子どもたちにとって，ランドセルはいつも自分のことを見守ってくれる宝物
のはずです。多くの友達と自分たちのランドセルについて語り合うことで，これまでとこ
れからの学校生活について考え，よりよい態度で過ごそうとする心が芽生えてくるので
はないかと考えてこの授業をつくりました。

教材 ・「東西南北」
　　　大分合同新聞　2017年3月28日

一段上に

■ ものを大切にするということ

　卒業の日までこのランドセルで登校したいと言った子どもに対して，校長先生は「これ
ほどまでに物を大切にする子を知りません。そして，これほどまでに幸せなランドセルを
知りません」とつづっています。ランドセルが幸せというフレーズがとても新鮮で印象的で
す。ランドセルがどんな幸せを感じているのか，教室で子どもたちと考えてみてください。

■ ランドセルには家族との大切なつながりがある

　指導時期は年度末を控えた２月から３月がお勧めです。
　ランドセルは，子どもたち一人一人にとって大切な家族とのつながりや思い出がこ
もったものです。ランドセルを語っていくうちにこれまでの生活が見えてくることもあ
るでしょう。また，今までの自分自身の振り返りにつながると同時に，これからの学校
生活をどう過ごしていきたいのか考える貴重な機会にもなるはずです。家族関係が希薄
だと言われる時代だからこそ，ランドセルを通して家族のぬくもりや小学校生活をス
タートさせたときの感動を思い起こさせてあげてください。

指導目標

　りなさんのランドセルの話を通して，ランドセルの思い出を出し合いながら，規則正しい気持ちのよい毎日を過ごそうとする態度を育てる。（道徳的態度）

準備するもの

・ランドセルのイラスト（提示用）
・自分のランドセル
・教材文（前半）とワークシート（後半）（38ページに掲載）（配付用）

授業の実際

　授業の最初に，ランドセルのイラストを提示する。

　あえて発問せず，子どもたちの反応に問い返す形で感じたことなどを発表させる。
　子どもたちからは，「ランドセルだ」
という声が聞こえた。
　黒板にイラストを掲示し，その横に

> ランドセル

と書いて，
　「これまでランドセルをどんなふうに使ってきましたか？」と問いかけた。
　子どもたちは，
　・毎日の勉強道具や給食の道具などを入れて運んでいます。
　・教科書やノート，筆箱を入れています。
と回答した。
　次に「誰に買ってもらったの？」と問いかけると
　「おうちの人」
　「おじいちゃん」「おばあちゃん」
などの回答があった。このようなやり取りをした後，
　「今日はね，ある6年生のお姉さんがずっ

と使っていたランドセルの肩ひもが切れてしまったときのお話です」
と話して，教材文を範読した。
　読み終えたら，子どもたちと一緒に内容を確認しながら，

> ・6ねんせい　りなさん
> ・おさがりでもらう
> ・かたひもがきれる
> ・もうすぐそつぎょう

のように，要点を板書した。
　ここで，次のように発問した。

❶どうして，ランドセルをやめて手さげぶくろにしないのかな。
　子どもたちからは，真っ先に
　「お父さんが何度も修理してくれた」
と反応があったので，黒板に「なんども」を強調して板書した。

> なんども　お父さんがしゅうりしてくれた。

　次に，
　「どうして『何度も』お父さんは修理したのかな」と問い返したところ，
　・お父さんはりなさんのことをたいせつに思っている。
　・ランドセルに思い出がある。
という発言があった。そこで，
　「それではりなさんは，お父さんが修理するのをどんなふうに見ていたのかな」
と聞いた。すると，
　・もっとたいせつに扱いたいな。
　・お父さんありがとう。
という考えが出された。
　「きっとこの家族はランドセルをみんなで大切にしていたんだろうね」
と話し，次の発問をした。

❷この修理されたランドセルは，何と言っているかな。
　りなさんの家族や校長先生たちの温かい気持ちを子どもたちに考えさせる発問である。

子どもたちからは，
・うれしいな。
・またりなさんと学校に行ける。
・これからもよろしくね。
という発言があった。
　これらの意見を板書し，
「みんなが温かい気持ちでこのランドセルを見ているんだね」
と話した。ここで，
「今日の授業の本当の題名はね，『○○○○なランドセル』だよ」
と言って，授業の初めに書いた「ランドセル」の文字の上に「しあわせな」を書き加えた。

しあわせな　ランドセル

「ところで，みなさんは1年生が終わりに近づいていますね」
と話し，題名と対比される場所（黒板中央付近）に，

もうすぐ2ねんになるランドセル

と板書した。
　全員で声に出して読んだ後，
「ところで，私たちのランドセルはどうかな。ちょっと自分の席に持ってきてください」
と指示をした。
　全員のランドセルがそろったところで，次のように発問した。

❸自分のランドセルは何と言っているかな。

　これまでの自分とランドセルとの関わりを想起させる発問である。

｜ここで実感！｜

　自分のことを考えさせる展開。りなさんの話が「よい話だった」だけで終わらないようにする。実物のランドセルを見ながら授業することで，自己の生活を振り返り，これからよりよくする気持ちを高めることが大切である。

　子どもたちは，自分のランドセルを見ながら，それぞれ自分の思いを発表した。子どもたちの発表は，主語がランドセルの場合と自分（僕・私）の場合が混在していた。発問❸に対応する答えとしては主語がランドセルだが，ここでは自分が主語の発言も認め，次のように3つに分けて板書した。

うれしかったよ
・おうちの人がかってくれた。
・しょうじょうをもらって入れてかえった。
がんばったよ
・しゅくだいをまいにちやった。
・わすれものがないように，まえの日にきちんと入れた。
・おもたいにもつをささえてくれた。
ざんねんだった
・すこしらんぼうにあつかった。ごめんね。

発言が出つくしたら，
「これまで1年間の学校生活で，みんなのランドセルにもいろんな気持ちがこもっているね」
と話し，次の発問（指示）をした。

❹自分のランドセルにこれからのことをお話してみよう。

　発問❸で「これまで」を想起させ，この発問❹では「これから」を考えさせる。
　ワークシートに書き込ませ，列指名で子どもたちのこれからの心構えを発表させていった。
・ランドセルをたいせつにするよ。
・ふでばこやノートもたいせつにするね。
・らんぼうにしないよ。
・べんきょう，いっしょうけんめいにがんばるぞ。
・まえの日にじゅんびするするからね。
・おうちの人がかなしくならないようにしたいな。
　発表を聞いた後，
「みんなの言葉を聞いて，きっとランドセルも喜んでいるね。もうすぐ2年生。ランドセルと一緒に笑顔で進級しようね」
と話し，授業を終えた。

●教材　教材のもとになった記事　大分合同新聞「東西南北」2017年3月28日

東西南北 2017.3.28

卒業シーズンも終わろうとしている。大きく成長し、学びやを巣立つ子どもたち。

中津市本耶馬渓町上津小の石川照代校長が発行している学校だより「せんだん」に、一人きりの卒業式を迎えた小川莉奈さんのランドセルにまつわる話が掲載されていた。

卒業前のある日、莉奈さんがランドセルを手に抱えて登校していた。知り合いから譲ってもらったお下がりのそれは肩ひもが切れ、何回も切れては修理し、また別の所が切れてはつないでーを繰り返しているという。もう十分使ったんだから手提げ袋に替えてもいいのではと言うと、「お父さんが何度も修理してくれたから、卒業の日までどうしてもこのランドセルで登校したい」。

そこで、石川校長は肩ひもをワイヤで補強し、赤い粘着テープできれいに巻き直してあげた。莉奈さんは喜び、ランドセルは最後まで切れることなく、莉奈さんと共に校門をくぐった。学校だよりは「私はこれほどまでに物を大切にする子を知りません。そして、これほどまでに幸せなランドセルを知りません」と結んでいる。

莉奈さんは懸命に修理するお父さんの姿を見ていただろうか。受け取る時、どんな表情をしただろうか。父と娘の心は確かに通い合っていた。

迎えた卒業式の日。父は教室のロッカーに入れられていたランドセルをそっと写真に収めたという。親子の宝物のような思い出になるに違いない。

●教材文，ワークシート

教材文

小学校に入学して、もうすぐ、1年になりますね。これは、ある6年生のおはなしです。

もうすぐそつぎょうする日がちかづいたりなさんは、ランドセルを手でかかえてとうこうしました。よく見ると、かたひもがきれていました。気がついたこうちょう先生が、どうしたのかたずねました。りなさんによると、そのランドセルは、しりあいからゆずってもらったもので、なんかいもきれてはしゅうりしてきたものだということでした。もうじゅうぶんつかったから、「手さげぶくろにしてもいいのではないの」といいました。りなさんは、「お父さんがなんどもしゅうりしてくれたから、そつぎょうの日までどうしてもこのランドセルでとうこうしたい」というのです。そこで、ちょう先生は、ワイヤでかたひもをほきょうし、赤いテープできれいにまきなおしてあげました。りなさんはよろこびました。そして、ランドセルはきれることなく、りなさんと学校にかよいつづけたそうです。

（記事をもとに授業者が作成）

ワークシート

しあわせなランドセル

りなさんのランドセルはなんといっているかな。

ぼく・わたしのランドセルにこれからのことをおはなししよう。

所見文例

◆ この授業で この言葉を ◆

「節度・節制」をテーマにした学習では，ものを大切にすることはさまざまなことへの感謝に結びついていることに気づき，これからの生活に生かしていこうという思いをもちました。（自己の生き方）

（大分県　田辺裕純）

6. 一皿のチャーハンの中に
～炎の中華料理人　周富徳さんとそれを受け継ぐ息子・志鴻さんに学ぶ～

<関連する主な内容項目>　C　勤労

　料理には，たくさんのジャンルがあります。その中で，中華料理の素晴らしさを広めた一人が，周富徳さんです。エビマヨも周さんの創作中華の一つ。「炎の料理人」「中華の鉄人」と呼ばれた周さんの料理の原点は一皿のチャーハンにありました。食べる人を幸せにしたいと願う心の味は，息子・志鴻さんに受け継がれています。一皿のチャーハンから，人のために働く素晴らしさを学ぶ授業です。

教材
- **「一皿のチャーハンの中に」**
  周志鴻さんへの直接取材による資料（自作）
- **「料理でお客様を幸せに」**
  周志鴻さんへのインタビュー（自作）

ここに心の味がある

一段上に

■ 身近なチャーハンと料理人の深い思い

　普段食べ慣れたチャーハンとその中に込められた周富徳さんの深い思い，この2つの対比が子どもたちの思考を活性化させ，自分たちの身の回りにある当たり前のことに目を向ける力になります。身近な当たり前のなかに，人を喜ばせたいという働く人の思いがあることを知り，係の仕事など子どもたち自身の役割にも意味を見いだすことができます。

■ 人物教材の学びを子ども自身の日常につなげる工夫を

　実在の人物に学ぶリアル教材は，子どもたちに大きな感動を与えます。一方で，そのままでは，子ども自身と時代や年齢などに差があるため，内容の伝達だけで終わってしまう可能性もあります。ここでは，学校を支える高学年の姿や学級の係，先生や保護者など，人を喜ばせるために働く人が身の回りに多くいること，子ども自身が行っている係や当番，家のお手伝いなどの仕事も人のために役立っていることに気づかせ，自尊感情や実践意欲を高める工夫をすることが大切です。

指導目標

　一皿の料理に込められた周富徳さんの願いを通じ，働くことの大切さを理解し，進んでみんなのために働こうとする態度を育てる。（道徳的態度）

準備するもの

・「チャーハン」の写真，周富徳さんの写真
　※「広東名菜 富徳」のウェブサイトから画像検索（提示用）
・教材「一皿のチャーハンの中に」（42ページに掲載）（配付用）
　以下，可能であれば用意（提示用）
・「京王プラザホテル」「赤坂璃宮」（周さんが働いたお店）の写真
　※いずれもウェブサイトなどで画像検索
・清掃係でがんばる子どもの写真（提示用）

授業の実際

　用意したチャーハンの写真を封筒に入れて少しずつ引き出し，何の写真かクイズのように問いかけた。

　子どもたちからは，
「おいしそう」
「どこのお店？」
という声が聞こえた。和らいだ雰囲気のなかで黒板に写真を掲示，

チャーハンの中には

と書き，次のように問いかけた。

❶何が入っているでしょうか。

　チャーハンは身近な料理。子どもたちは，
　・海老　・肉　・卵　・米　・胡椒
など次々と材料や調味料を挙げた。
　「すごい」「よく知っているね」など，全員

参加の雰囲気づくりをする。
　その上で，
「実はこのチャーハンには，材料や調味料だけでなく，もっと大切なものが入っているんです」
と投げかけ，チャーハンを作った周富徳さんについて，以下の紹介をする。
　・「炎の料理人」と言われた日本で有名な中華料理人（故人）の一人であること
　・エビマヨは，周さんの創作料理であること
「材料や調味料よりもっと大切なものって何だろう」という子どもたちの疑問を引き出し，意欲化を図る。
　「愛情」「努力」「心」など，ここで声を出す子どもがいても慌てない。「なるほど」と認め，
「本当はどうかな。お話を読んでみよう」
と，教材への動機づけに生かす。

❷チャーハンの中には，どんな大切なものが入っているのかな。

　教材文を配付し，戦争の時代や難しい語句，日本ではあまり認められていなかった中華料理の素晴らしさを人々に伝えたのが周さんだったことなどを説明しながら，読み聞かせる。
　子どもたちからは，
　・お父さんやお母さんの思い出（優しさ）
　・（食べる人への）温かい心
　・工夫や努力，チャレンジ，やる気
　・人を幸せにしたいという気持ち（願い）
　・料理人の誇り，心
　・食べる人の笑顔，幸せ
という発言があった。
　それらを受けて，
「材料や調味料などだけでなく，料理をする人の心，食べる人を幸せにしたいという心が込められているんだね。だから食べる人も笑顔になるのかもしれないね」
と話した。
　続いて，2014年に周富徳さんが亡くなったこと，そしてお店は息子の志鴻さんが受け継いでいることを伝えた。
　また，その後，息子さんへの直接インタビュー（主な内容は次の通り）を視聴した。

「広東名菜 富徳」（東京都港区北青山）
周志鴻さんインタビュー（4分）**概要**
料理人になるきっかけ
　最初は料理人になる気はなかったが，父の店でアルバイトをしているとき，自分が選んで薦めた料理をお客さんが喜んでくれた。そのお客さんは，後日50人ものお客さんを連れて再来店してくれた。お客さんを喜ばせるという感動を体験したことが，きっかけとなった。
料理の素晴らしさ
　食べる人やその場にある材料に合わせて，工夫しておいしい料理を作る魅力。
めざすお店，料理人
　お客さんが「また来る」と言って，喜んでくれるお店。そのために工夫する。目標の父を超えることは永遠にできない。技術だけでなく人間性も大事。謙虚な気持ちで努力して，一歩でも近づきたい。

※概要は42ページを参照（メッセージ動画希望の場合は，氏名・勤務校・メールアドレスを明記し，次の宛先にお知らせください）。taiji6262@tbz.t-com.ne.jp

❸一皿のチャーハンに入っていた富徳さんの心は，なくなったでしょうか。
　子どもたちはすぐに首を横に振り，「違う」「息子さんがいる」「今もある」と答えた。
　「お客さんに喜んでもらった」といううれしい経験で志鴻さんが料理人となり，富徳さんと同じように「お客さんに喜んでもらいたい」と思って努力していることを確認した。

ここで実感！
　食べる人を幸せにしたいという思いが父から富徳さん，そして息子の志鴻さんにも受け継がれていることに気づかせる。それを知ることで，誰かのために働くことの素晴らしさ，魅力を感じさせる。

❹学校やクラスに，誰かを喜ばせるためにがんばっている人はいますか。
　子どもたちは，次のような人を挙げた。
・担任の先生，学校の先生
・縦割り班活動や清掃班リーダー（高学年）
・運動会で活躍した応援団（高学年）
・お楽しみ係やお笑い係の友達
　子どもたちの発表の後，教師があらかじめ用意した縦割り班，委員会，係でがんばる子どもの写真を提示しながら，身の回りにもみんなのために働いている人がいることを知らせた。
　さらに，誰かを喜ばせたいという気持ちで働く点は，みんな同じであること，目立つ仕事だけでなく，配付物や整理整頓の係，生き物係など，どの係も楽しい学級であるために欠かせない係であることを話した。

ここで実感！
　身の回りを見つめさせる発問である。授業の学びと日常を結びつけることで，子どもたちは学んだ価値をさらに強く実感として理解できる。実践意欲を高めるためには欠かせない発問である。

❺「一皿のチャーハンの中にある心と学校や学級で働く人の心は同じ」という題で，振り返りを書きましょう。
　子どもの振り返り（要約）を紹介する。

　チャーハンと学校で働く人の心が同じ理由は，誰かを幸せに，笑顔にしたいという心があるからです。今まで私は働いていいことってあるのかなと思っていたけれど，この勉強で私もみんなの役に立っていたんだ，みんなを楽しませていたんだとわかりました。みんなの笑顔がもっと見られるように当番と係活動をがんばりたいです。

●**教材**　「一皿のチャーハンの中に」周志鴻さんへ直接取材による資料（自作）

1943年，横浜中華街で周富徳さんは生まれました。りょう親は中国出身，お父さんは中華料理店で働いていました。一家は1945年の東京大空しゅうをのがれ，生きのこることができました。やけあとの町でみんなが苦しかった子どものころ，店でいそがしいお父さんが一生けんめい作ってくれたのがチャーハンでした。5人の子どもたちのために，お母さんも苦心していつも温かい家庭料理を用意してくれました。周さんは，海で友だちととったカニをおいしく食べるにはどうすればいいかなど，くふうしながら自分で料理にちょうせんするようになりました。

料理人としてはたらき始めたころは，仕事は朝9時半から夜10時までといったきびしいものでした。そんななかでも周さんはひといちばい努力しました。また親切な親方にもめぐまれ，まわりにみとめられるようになります。

そんな1971年，28歳で大きなチャンスがおとずれます。京王プラザホテルの中国料理店・副料理長しけんのさそいです。ホテルレストランは未知の世界で不安ですが，本場・ホンコンから来る新しい料理長から学べることがみりょくでした。周さんは一大決心をしてしけんを受けました。その時，次のようなおどろきのエピソードがあります。

しけん会場には，うで自まんの有名な料理人がたくさん集まり，それぞれがイセエビやフカヒレ，アワビなど，高級食材をじゅんびしていました。何を作るかは料理人の自由です。いよいよ，しけんスタート。せいげん時間60分をむだにしないように，みんないっせいに調理を始めました。ところが周さんだけは，うで組みでだまって考えこんでいます。ほかの料理人の料理が次々できあがりますが，周さんはまるでねむっているようです。ところがのこり5分，もうだめだと思ったとき，周さんは調理を開始します。一気にネギをきざみ，ボールに卵をときます。チャーシュー，レタス，しいたけ，卵，ごはん……，チャーハンを作り始めたのです。「受けん生の夜食」と冷やかす人もいました。けれど周さんは炎と対話しながら一心不乱になべをふります。のこり30秒でギリギリ完成。しんさが始まりました。他の料理人の料理は，とり肉や牛肉，ホタテ，イセエビ，アワビ，フカヒレなどを使ったごうかで時間がかかる料理ばかり，品数もたくさんあります。どの料理も，しんさ員がうなずきながら，し食しています。

さい後に，しんさ委員長が言いました。「おいしかったのはＡさんの料理。高級食材を使っておいしい料理にまとめるうではたしかです。でも，もう一度食べたくなったのは周さんのチャーハン。高級な食材を使って時間をかければ，だれでもおいしい料理を作ることができます。でも真の料理人は食材や時間にたよりません。ふつうの食材を使って，短い時間でもう一度食べたくなる料理を作ってこそ一流のあかし。それに周さんのチャーハンは温かった。それは温度のことではなく，心がこもっていたということです」

チャーハンについて，周さんはお父さんの思い出を話します。合かく者は周さんでした。

その後，周さんは和食やフランス料理の技も中華に取り入れ，食べる人に喜んでもらうさまざまな努力とくふう，ちょうせんを重ねて「炎の料理人」とよばれるまでになりました。生前，次のように語ったそうです。

「人と炎が出会い料理が生まれた。もっとおいしくしようと料理人が生まれた。何千年ものなかで料理の技はみがかれ，より高度にせん細になっていく。しかしただ一つ変わらないものがある。それは，料理人はなべ一つで人を幸福にできるということ。そして，料理で人の幸福な笑顔を見るのが，"料理人"周富徳の幸福だ」

**所見
文例**

◆ **この授業で この言葉を** ◆

「働く大切さ」をテーマにした学習では，誰かのために働く喜びや素晴らしさ，クラスでの自分の仕事の大切さに気づき，これからの生活に生かしていこうという思いをもちました。（自己の生き方）

（新潟県　渡邉泰治）

コラム

実感！リアル教材の迫力

世の中の出来事から，道徳授業がつくられるんだね。

1. 注文と違う料理が来たら？
2. 食品ロス
3. 夢はオリンピックの通訳
4. 外来生物
5. しあわせなランドセル
6. 一皿のチャーハンの中に

リアル（ノンフィクション）教材は，それが事実であるからこそ，圧倒的な迫力で子どもたちの心に迫ってきます。

私たちの身の回りには，学ぶべきことや考えるべきことがたくさんあります。

それらを教材として，子どもたちが本気になる道徳授業をつくりましょう。

1. 注文と違う料理が来たら？

寛容な人は，広い心で相手の過ちを許すことができる。けれども，そこに「許してあげる」という上から目線の感情はないだろうか。

そもそも過ち（間違い）とは何だろうか。こうでなければ納得がいかないという気持ちを捨て，「まっ，いいか」という少しの寛容さをもつ。そうすれば，間違いは間違いでなくなる。

「注文をまちがえる料理店」を支えているのは，本物の相互理解・寛容の精神である。

2. 食品ロス

給食に出された焼き魚。この焼き魚をつくるために，30万人の人たちが関わっている。そこには，仕事に携わった人の数だけの思いが込められている。子どもたちは，目の前の焼き魚の後ろに見える人々の思いや願いを実感する。

後半の教材は，給食の先生からの手紙。自校の先生からの手紙は，子どもたちの心にしっとりと響く。最後は，食品ロス削減へと社会に目を向ける。「食べ残しの反省」にあえて迫らない終末が，子どもたちの積極思考を後押ししてくれる。

30万人

3. 夢はオリンピックの通訳

　授業は，小学生の「夢ランキング」の提示から始まり，中学生，高校生のランキング結果へと続いていく。次に登場するのが，笑顔の高見澤さん。御年90歳の人生の大先輩の夢とは何なのだろうか。テンポのよい資料提示の流れによって，子どもたちはますます授業に没頭していく。

　最後はオリンピックに関連づけて，短期的な夢（目標）を掲げ，その実現に向けた行動を話し合う。実践化へつながる効果的な終末である。

©高見澤摂子

4. 外来生物

　道徳授業を実施していくと，授業者として「ある矛盾」にぶつかることがある。その一つは，人間と動物との共存のあり方である。収穫期，野性の動物による農作物の被害がある。その対策として，計画的な駆除が行われる。人間の生活のために，動物の命が奪われる。

　昨今は，外来種による被害が社会問題となっている。これは，子どもたちがすぐ解決できる問題ではない。まずは，現状を知らせ，持続可能な社会の実現に努める意識をもたせていきたい。

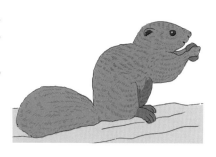

5. しあわせなランドセル

　日本には，「物に魂が宿る」という考え方がある。もちろん，道徳授業に極端な精神論をもち込んではならないが，物を大切にする心を育むとき，「物への思いやり」という視点からの学習は，低学年の子どもたちに特に効果的である。

　題材は，子どもたちが毎日背負って登校しているランドセル。身近な物であるからこそ，子どもたちは，ランドセルを自然な感覚で擬人化し，ランドセルに対する感謝の気持ちを語り始める。それは，ランドセルを購入してくれた家族への思いでもある。

6. 一皿のチャーハンの中に

　本物に触れさせたい——。これは，道徳授業に限らず，私たち教師が授業づくりを進めるときに，いつも抱いている思いである。ノンフィクション教材の強みは，資料という間接的な媒体を使って行われる授業において，最大限のリアリティーを伝えることにある。

　本物志向の授業者の思いは，周富徳氏の息子さんへの直接取材という形で具現化される。授業者自身が，教材開発を楽しんでいる姿がいい。もちろん，授業を受ける子どもたちも楽しいはずだ。

（編著者　佐藤幸司）

第3章

必須！　共に生きる思い

実　践　編

第3章

必須！ 共に生きる思い

1. 本当の親切心

<関連する主な内容項目>　B　親切，思いやり

　以前，何気なく読んでいたタウン誌の読者欄に，電車の中で携帯電話を落として困っていたところ，駅に届いていたという話が載っていました。また，帰宅途中に車の中で聞いていたラジオで，銀行のキャッシュカードをショッピングセンターのATMに置き忘れてしまったら，市内の支店に届けてくれた人がいたという話を耳にしたことがありました。

　自分が困ってるとき，人から受けた親切は心にしみます。本当の親切心とは，困っている誰かのために行動できる温かさなのかもしれません。

教材
- 「**本当の親切心**」（実話を参考に授業者が作成）
  ①電車の中で携帯電話を落とした話
  ②ショッピングセンターのATMにキャッシュカードを置き忘れた話
- 『**かえりみち**』　あまんきみこ：作　西巻茅子：画（童心社）
  ※読み聞かせ用の絵本として「親切，思いやり」に関係する内容のもの

一段上に　**グレード UP!**

■ 相手の気持ちを察する

　困った状況にあるとき，その人は，どんな気持ちでいるのでしょうか。相手の気持ちを想像すれば，自分がどんな行動をすればよいのかが見えてきます。親切な行為，思いやりのある行動は，まず，相手の気持ちを察することから始まります。

　教材として使うのは，落とし物をして困ってしまったという実話に基づく2つの話です。どちらの場合も，それを拾った親切な人が届けてくれます。人の温かい行為を知ることで，自分もそんなふうになりたいという憧れの気持ちが育ちます。

■「読み聞かせ」で授業を閉じる

　授業では，最後に絵本の読み聞かせを行います。今回，使用したのは，『かえりみち』です。迷子になってしまった女の子や動物たちが出てきます。お互い，相手のことを思いやって行動している気持ちが伝わる絵本です。

　実話をもとにした教材で学んだ後で，絵本の世界に浸ります。何とも，温かい余韻が教室に残ります。

指導目標

　相手に優しく接すると互いがうれしい気持ちになることに気づき，親切な行為をしようとする意欲を高める。（道徳的実践意欲）

準備するもの

・イラスト（提示用）
　①携帯電話　　②駅
　③キャッシュカード　　④銀行
・「親切，思いやり」がテーマの絵本

授業の実際

　授業開始のあいさつを終えたら，黒板に，次のように書く。

～～～～～～～～～～～～～～～～～～～
落とし物
～～～～～～～～～～～～～～～～～～～

　板書に合わせて，声に出して読む子がいた。
「読めますか」
とたずね，声に出してみんなで読んだ。既習かどうかは気にせずに，あえて漢字を多用した方が，子たちは意欲的に授業に参加するようになる。

❶どんな落とし物が多いと思いますか。

　学校内ではなく，全国（日本中）での落とし物についてであることを確認する。
　子どもたちからは，
　・財布（お金）　　・携帯電話　　・帽子
　・かさ　　・鞄（バッグ）　　・水筒
などが出された。
　発言が出つくしたところで，ポータルサイト「落し物ドットコム」（50ページに掲載）の調査から，2018年の1〜5位を知らせた。

```
第5位 カードケース　　第4位 携帯電話
第3位 カード　　　　　第2位 かばん
　　　　第1位 財布
```

　ここは，クイズ番組のような調子で，第5位からテンポよく進めていく。子たちからは，結果が示されるたびに，歓声があがった。
　なお，警察に届けられた遺失物としては，上（多い順）から，①証明書，②有価証券，③衣類・履物，④財布，⑤かさ，であることを伝える。自分が落とした物と警察に届けられた物とでは，順位や中身に違いがある。
　ここで，教材1の前半（スマホを落としてしまったところ）までを，イラストを提示し，教師の語りで伝えた。

　会社員の男性が，仕事で電車に乗って移動しているときに，うっかりスマホを座席に置き忘れてしまった。

❷スマホを落とすと，どんなことが困りますか。

　・電話がかけられなくなる。
　・買い物でスマホで払うこともあるから，誰かに使われたら大変だ。
　・いろいろな人の電話番号が入っている。
　・写真がたくさん入っている。
　子どもたちは，自分のスマホは持っていないが，さまざまな発表があった。
　男性が大変困っている状況であることを確認して，教材1の後半を伝えた。

　男性は，公衆電話から自分のスマホの番号に電話をかけた。すると，自分が下車した次の駅の駅員さんが電話に出た。

「どうして，次の駅の駅員さんが電話に出たのだと思いますか」
とたずねると，
　「そのスマホを電車の中で見つけた人が，駅員さんに届けてくれたから」
という返答があった。
　その通りであることを話し，続きを読んだ。
　男性は，拾ってくれた方に電話をかけ，

「何か，お礼をさせてください」
と話した。

❸電話の相手は，何と応えたと思いますか。

子どもたちからは，
・いえいえ，お礼などはいりません。
・当たり前のことをしただけです。
・わざわざ電話をもらって，ありがとうございます。
と，「遠慮しただろう」という発表があった。

実際の言葉，「もし，携帯が落ちているのを見つけたら，今回と同じようにしてあげてください」を伝えたところ，子どもたちは，「なるほど」と納得した表情だった。

次に，教材2について考えた。
「こちらも落とし物が多い，これです」
と言って，キャッシュカードのイラストを提示し，教材2の前半を伝えた。

会社員の女性は，金曜日の昼，商業施設のATMでお金を下ろした。夜，出勤準備中に，キャッシュカードがないことに気づいた。

❹キャッシュカードを落とすと，どんなことが困りますか。

たくさんの手が挙がり，
・悪い人に拾われたら，お金を取られてしまう。
・自分もお金を下ろせなくなる。
という発言があった。
「見つかるといいね……」
と話し，教材2の後半を読み聞かせた。

月曜日の朝，銀行に連絡をした。すると，その後，市内のほかの支店にカードが届けられたという連絡があった。

子どもたちの間から，
「よかったね」

という安堵する声が聞こえた。

【 これが必須！ 】

落とした物は，スマートフォンとキャッシュカードで異なるが，どちらも親切な人が拾って届けてくれたという構造は同じである。子どもたちは，2つに共通する親切心に気づき，自分もそんなふうに行動してみたいという思いを抱くようになる。

カードを届けた方は，名前を名乗らずに立ち去っている。そのため，お礼を伝えようがない。このことを確認して，次の発問をした。

❺この方（会社員の女性）は，どんなことを考えたでしょうか。

次のような発表があった。
・お礼を言いたいのに，どうしたらいいのかな。
・近くに住んでいる人かもしれないので，銀行の人は，顔を覚えていないかな。
・銀行にお礼の張り紙をしたらどうかな。
どれも，よく考えたよい意見であることを認めて，この方の言葉を伝えた。
「お名前も住所もわかりませんが，きれいな心をもっていらっしゃると思いました。私も見習いますね」

❻今日の2つのお話のなかで，うれしい気持ちになったのは誰でしょうか。

最初，子どもたちからは，落とし物を届けてもらった人（会社員の男性と女性）が出された。その後，
「届けた人も，うれしかったと思う」
という意見が出された。
子どもたちの意見をもとに，
「落とし物を届けてもらった人も，それを届けた人も，みんながうれしい気持ちになったんだね」
とまとめた。
最後に，「親切・思いやり」がテーマの絵本を読み聞かせて，授業を終えた（教科書教材を読み聞かせて終えるやり方もある）。

●**参考資料** ポータルサイト「落し物ドットコム」 https://otoshimono.com/
運営するMAMORIO株式会社（本社：東京都千代田区）による利用動向の調査より

2018年　落とし物　第1位 財布類，第2位 かばん類，第3位 カード類，
第4位 携帯電話類，第5位 カードケース類

警視庁　遺失物取扱状況より

2018年　拾得物　第1位 証明書類，第2位 有価証券類，第3位 衣類履物類，
第4位 財布類，第5位 かさ類

●**教材1**「電車の中で携帯電話を落とした話」 実話をもとに，授業者が作成

〈前半〉　会社員の男性が，仕事で電車に乗って移動しているときに，うっかりスマホを座席に置き忘れてしまった。そのことに気づいたのは，すでに電車から降りて目的の駅に着いたときだった。

〈後半〉　男性は，駅員さんに公衆電話の場所を聞き，そこから自分のスマホの番号に電話をかけた。すると，自分が下車した次の駅の駅員さんが電話に出た。話を聞くと，同じ電車に乗っていた人が，それを拾って駅に届けてくれたとのことだった。

男性は，拾ってくれた方に電話をかけ，「何か，お礼をさせてください」と話した。すると，その方は，「お礼など，結構です。もし，携帯が落ちているのを見つけたら，今回と同じようにしてあげてください」と答えた。

●**教材2**「ショッピングセンターのATMにキャッシュカードを置き忘れた話」 実話をもとに授業者が作成

〈前半〉夜，明日の出勤準備をしていた私（会社員の女性）は，財布の中に入れてあるはずの銀行のキャッシュカードがないことに気づいた。今日の昼，ショッピングセンターのATMでお金を下ろしたときに，カードを置き忘れてしまったようである。

これは，大変。でも，今からでは，お店も銀行も開いていない。私は，銀行のウェブサイトでカードの利用停止の手続き方法を調べて，とりあえずはカードが利用できないようにした。でも，すでに誰かに使われていたらどうしよう……と考えると，不安でいっぱいだった。

〈後半〉翌日，朝一番に銀行に電話をかけ，カードをなくしてしまったことを伝えた。すると，その後，銀行から連絡があり，市内のほかの支店にカードを届けてくれた人がいたことがわかった。カードを受け取りに行ったところ，その方は，名前も告げずに立ち去ったということだった。

〈最後〉お礼を伝えたいと思ったが，お名前もご住所もわからない。きれいな心をもっている方だと思う。私も，見習いたい。

所見文例

◆ **この授業で この言葉を** ◆

「親切，思いやり」の学習では，親切にしてもらった人も，親切をした人も，お互いがうれしい気持ちになることに気づき，自分もたくさんの親切をしてみたいという思いをもちました。（自己の生き方）

（山形県　佐藤幸司）

2. 暮らしの "目利き" に なろう

<関連する主な内容項目>　C　集団生活の充実

　「目利きテスト」というおもしろい問題に出合いました。みなさんは，ＡとＢ，提示された２つの野菜のどちらがよい野菜か，見極めることができるでしょうか。

　"目利き" になれば，よい商品を提案することができ，よい空間づくりをすることができます。野菜に限らず，日常のささいな違いを見極める「暮らしの "目利き"」になることができれば，自分の生活もよりよく変えていくことができます。日常のなかのちょっとした違いに気づき，生活をよりよくするために行動する「暮らしの "目利き"」になりたいという子どもの思いを高める授業です。

教材　・「目利きテスト　～暮らしの "目利き" になろう」
　　　　バローグループ「リクナビ2020　地元×東証一部上場企業　新卒採用受付中！」ポスター

一段上に **グレード UP!**

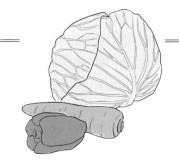

■「野菜の "目利き"」から「暮らしの "目利き"」に

　広告には，野菜のよしあしを見極める「目利きテスト」が掲載されています。このテストは子どもたちの興味をひくでしょう。授業では，野菜を見極める「野菜の "目利き"」から「暮らしの "目利き"」へ発展させ，日常生活の一場面について，ささいな違いを見極めさせていきます。教材の内容と，子どもたちの日常との関連を示し，日常生活での行動意欲を高めていきます。

■ 授業後１週間の "目利き" チャレンジ

　授業によって行動意欲を高めたら，授業後に実践する期間を設定します。期間を設定し，子どもたちに行動することのよさを実体験させていきます。今回は，「身の回りのささいな違いに気づき，よりよくするために行動したこと」について，帰りの会で発表させる「"目利き" チャレンジ」を実践しました。どんな行動をしたかを相互に交流させることで，子どもたちのよい行動が学級に広がっていきます。

指導目標

　身の回りにあるもののささいな違いに気づき，楽しく充実した学校生活を築いていこうとする実践意欲を高める。（道徳的実践意欲）

準備するもの

・「目利きテスト」ポスター
・学校生活の日常の写真（提示用）

授業の実際

　授業開始と同時に，ふりがなと辞書の意味を添えて次の言葉を黒板に提示した。

【目利き】目がきくこと。見分けること。

出典：『大辞林　第三版』（三省堂）

　「めきき？」と興味深そうに読む子がいた。音読させた後，黙って【目利きテスト】と黒板に書いた。子どもたちは「テスト」の言葉に，さらに興味を高めた様子だった。

目利き
テスト!?

　ここで，2本並べられたにんじんの写真（AとBの記号がつけられている。頭部の切り口の直径の大きさなどが違う）を提示して，次のように聞いた。

❶AとBは，どちらがよいにんじんですか。AかBを選んで，理由も書きなさい。

　座席の縦1列で，5人の考えを聞いた。全員が「大きい」という理由でAを選んだ。
　「正解はAです。実の部分の大きさや，つやはもちろん，真ん中の芯のオレンジの部分の直径が小さい方が，よりよいにんじんなのです」

と教えると，子どもたちの間から，「へえ〜」「知らなかった！」という声があがった。
　続けて，キャベツとピーマンの写真を見せた。　——キャベツが2個並べられており，AとBの記号がつけられている。両方とも半切りにされ断面が見えていて，色味や葉の巻き具合が異なる。ピーマンも2個並べられ，AとBの記号がつけられている。どちらもへたが見えていて，へたの形や色の鮮やかさが異なる——。

❷AとBはどちらがよい野菜でしょうか。AかB，選んで理由も書きなさい。

　❶と同じ問いを出し，キャベツは色に注目し，Aを選ぶ子が多かった。ピーマンは意見が割れて，カタチや色，芯の大きさに注目した意見が出された。それぞれ答えはAであることを教え，インターネットで調べた見分け方の解説をした（54ページに掲載）。
　すると，「なるほど！」や「お母さんにも教えたい！」と教室は大盛り上がりになった。
　少し落ち着かせてから，「目利きテスト」がスーパーの店員さんの募集ポスターに載っていたことを伝えて，次の発問をした。

❸スーパーの店員さんになることと，よい野菜を見分けることにどんな関係がありますか。

　考えついた子を起立させ，意見を聞いた。次のような意見が出された。
　・よい野菜を見分けられると，よい野菜を売ることができるから。
　・野菜を見分けられると説明もできるから。

❹店員さんは "目利き" であるべきですか。

発問の後，次のAとBの選択肢を提示した。

> A…"目利き" であるべき
> B…少しくらい見分けられなくてもよい

子どもたちの意見は分かれて，Aが24人。Bが8人だった。少人数のBから理由を聞き，それに対するAの意見を聞くと議論になった。

Bの意見
- すべての野菜を見分けるのは無理。
- 店員さんは大量に仕入れて並べておけばよい。お客さんが選べる。
- お客さんが "目利き" になって見極められればよい。

Aの意見
- 仕入れる際に "目利き" の方が，よい野菜を仕入れできる。
- "目利き" になれば，お客さんに見極め方を教えられる。
- よりよい商品を並べれば，お客さんもうれしい。信頼され，売り上げも上がるはず。

時間を見て議論を制止し，ポスターに次の文章があることを伝えて復唱させた。

> 毎日「おいしい」「使える」商品の提案で，買い物に来るのが楽しくなる，そんな空間づくりをしませんか。

「やっぱり！」という声があがったので，読んだ感想を何人かに聞くと，

「"目利き" になれば，お客さんのためによい空間をつくれるんだと思いました」

という感想が出された。

子どもたちの感想を聞きながら，「目利き」と「よりよい空間」という言葉を黒板に書き，線でつないでまとめた。

そして，ポスターの次の言葉を提示した。

> 暮らしの "目利き" になろう

❺野菜以外にも暮らしのなかに「目利きテスト」がありました。どちらが

いいか，AとBを選びましょう。

学校生活の日常から2枚の写真を提示して，次の3問の「目利きテスト」を行った。

1. 【A】きれいに並べられた牛乳パック
   【B】乱雑に入れられた牛乳パック
2. 【A】朝窓が開いた教室
   【B】朝窓が閉まった教室
3. 【A】下向きになった水道の蛇口
   【B】上向きになった水道の蛇口

1問ずつで，少しずつ難易度を上げ，日常の気づきにくいことをテストにして提示した。

問1と問2は，全員がAを選んだが，問3は意見が割れた。「水がたまって不衛生だからAだ」という意見と，「次の人が水を飲みやすいからBだ」という意見で議論になり，盛り上がった。

「いろいろに考えられますね」と子どもたちの意見を受け止めて，最後に教師の考えを伝えた。

これが必須！

> 前半で，子どもたちはスーパーの店員の "野菜の目利き" について思考してきた。"暮らしの目利き" という言葉をきっかけに，教材の内容と子どもの日常をつなぐことで，「自分事」としての問題意識を高める。日常とのつながりが見えれば，子どもたちの実践意欲も高まる。

学校をテーマにした暮らしの「目利きテスト」を終えた後，次の言葉を提示した。

> 毎日「気持ちのいい」「使える」教室の提案で，学校に来るのが楽しくなる，そんな空間づくりをしませんか。

❻よいよい空間づくりのために，あなたにできることはありますか。

自分にできそうなことを考えさせ，本時の感想を書かせて授業を終えた。

授業後1週間，自分が気づき，行動したことを帰りの会で発表する「"目利き" チャレンジ」を行った。

●**教材**　野菜の見分け方の一例　※「目利きテスト」の正解はすべてＡ。

【にんじん】色が濃く鮮やかなもの。頭部の切り口を見て，中心の直径が小さいもの。
【キャベツ】外側の葉が白っぽいものは，葉がいたんだりして何枚かむいてある。
【ピーマン】緑色が濃く，全体につやがあり，張りのあるもの。
【だいこん】根は白くてかたくしまったもの。肌のきめが細かいもの。
【きゅうり】緑色が鮮やかで張りがあり，トゲが痛いものが新鮮。太さは均一がよい。
【ト　マ　ト】ヘタが緑でいきいきしているもの。全体に丸みのあるもの。
【な　　す】切り口が新しいもの。表面に傷がなく，濃い紫色でつやがあるものがよい。
【たまねぎ】玉がかたく，皮が乾いているもの。芽の付近が柔らかいものは避ける。

参考：野菜の見分け方・選び方（http://www.marukasapporo.co.jp/miwake-erabi.htm）

●**授業後の活動**

> 「"目利き"チャレンジ」
> ①「よりよい空間づくり」のために，自分で気づいてできることを実行する。
> ②帰りの会でどんなことをしたか発表する。
> ③出された「行動」を短冊状に切った画用紙に書いて残し，学級で「よりよい空間
> 　づくりのための行動」を集めていく。

＜授業後，実際に子どもたちが行動した例＞
○学校での行動
　・みんなの机がずれていたので，全員の机を整えて，後の人が気持ちよく教室に入
　　れるようにしました。
　・体操着袋や上靴袋などがフックから落ちて廊下の床についていて，廊下掃除の人
　　の雑巾がけの邪魔になってしまうので，きれいにかけ直しておきました。
　・次の人が取りやすいように，学級の本棚の本を整とんしました。
○家庭での行動
　・昨日家に帰った後，靴がそろっていなかったので，履きやすいようにそろえました。
　・いつもはしていなかったけれど，朝起きてから家のそうじをしてきました。

**所見
文例**

◆ **この授業で この言葉を** ◆

> 　「違いに気づく目」をテーマにした学習では，身の回りのささい
> な違いに気づいてよりよく変えていくことの大切さを知り，これか
> らの生活のなかで，誰かのために気づいたことを実行しようとする
> 意欲を高めることができました。（自己の生き方）

（愛知県　古橋功嗣）

3.働く幸せ
～障がい者雇用率70%・日本でいちばん 大切にしたい会社大賞の日本理化学工業～

<関連する主な内容項目>　C　勤労・公共の精神

日本理化学工業は，2016年第6回「日本でいちばん大切にしたい会社大賞」を受賞しました。チョークの国内生産トップを誇る，環境に優しいホタテ貝殻の再利用でも有名な会社です。この会社では知的障がい者雇用率70%以上（2019年2月）を達成し，障がいのある人々が製造工程のほとんどを担っています。

親子2代社長の大山泰弘さん，隆久さんは，ひたむきに働く社員たちから「働く幸せ」を教えられました。障がい者の可能性を信じ，彼らの個性を尊重して共に働く幸せをめざす姿は，子どもたちに感動を与え，共生社会の大切なヒントも与えてくれます。

教材
・「働く幸せ」 大山隆久さんへの取材に基づき授業者が作成
・「大山隆久・現社長からのメッセージ」

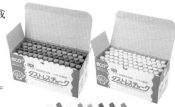

©日本理化学工業

■ 働く意味の転換を図る，互いの個性を認め合う 共生社会の魅力

この教材の大きな魅力は，子どもたちに，身近にあるチョークから「人のために働く素晴らしさ」に気づかせてくれる点です。障がいのある人もそうでない人も，人の役に立つために共に一生懸命に働く姿から，子どもたちは新たな発見をし，勤労についての学びを深めます。

■ 人間の弱さ，それを乗り越える人間の素晴らしさ

新学習指導要領では，人間の弱さなどの理解も大切な内容として追加されました。自らの間違いを振り返り，人間らしく生きようとする隆久さんの謙虚なメッセージは，この人間理解にぴったりです。失敗や間違いについての負のイメージを覆し，失敗や間違いは人間として成長するための糧であることも，同時に学ばせてください。

大山泰弘：著（WAVE出版）

指導目標

　日本理化学工業の取り組みを通じ，働く素晴らしさや意味に気づき，自らも誰かのために働こうとする意欲をもたせる。

（道徳的実践意欲）

準備するもの

A 大山泰弘さん（元・会長）の写真
B 障がい者の理解を助ける用具の写真
C 大山隆久さん（代表取締役）の写真
※A〜Cは，すべて日本理化学工業ウェブサイトから入手可能。（提示用）
D 教材「働く幸せ」（58ページに掲載）（配付用）

授業の実際

❶みなさんは，将来どんな仕事をしたり，どんな会社に入ったりしたいですか。

　子どもたちからは，さまざまな仕事や会社が挙げられた。

　　・スポーツ選手　・会社員　・公務員
　　・料理人（パティシエ）　　・トリマー

　どれも立派な仕事・会社であることを話し，「まだ考えたことがない」という意見も認める。全員参加の楽しい雰囲気をつくり，授業に期待感をもたせる。その後，
　「今日は，ある会社を紹介します」
と言い，

日本でいちばん　□□□□□　会社

と黙って板書した。「どんな言葉が入るのか」を問う前に，子どもたちは自然に空欄に言葉を入れ始めた。
　次のような考えが出された。

　　・大きい⬄小さい　・お金のある⬄ない
　　・すごい（りっぱな）　・古い

　どの考えも否定せずに聞いた後で，実際に入る言葉は，

日本でいちばん　大切にしたい　会社

であることを知らせた。
　「どんな会社？」
　「すごい物をつくるんじゃない」
などの声が聞こえてきたところで，持っていたチョークに注目させて，
　「これをつくる会社，日本理化学工業です。でも，特に大きな会社ではありません」
と話した。そして，
　「この会社には，日本一大切にしたいものがあるのです」
と続けた。

❷日本理化学工業には，どんな日本一大切にしたいものがあるのでしょうか。

　教材を配付し，写真A，Bや言葉での説明や(1)(2)を示しながら，読み聞かせた（提示のタイミングは教材参照）。
(1)知的障がい者➡事故や病気で脳に障がいがあり，読み書きや計算などが苦手な人。
(2)チョークの主な工程
　　・材料の石灰石やホタテ貝殻を細かくくだく。
　　・材料を焼く。
　　・材料にのり剤と水を加えて練る。
　　・棒状のチョークの形にする。
　　・決まった長さに切り，十分に乾燥する。
　　・箱に詰める
(B)作業を視覚化する工夫（ウェブサイト内検索➡「障がい者雇用の取り組み　それぞれの理解力に合わせた工夫のお話」）

 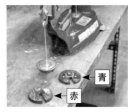

容器の蓋（左）と原料を量る分銅（右）

　原料の重さを量る分銅の色と原料の入っている容器の蓋の色が，同じ赤や青にそろえてある。赤の蓋の容器の原料を計るときは赤色の分銅で計量，青の蓋の容器の原料を計ると

きは青色の分銅で計量する。

砂時計

時計が読めなくても，作業の時間がわかる。作業ごとに使い分けられるように３種類ある。

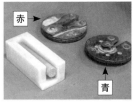
赤
青

検査具

ノギスなど複雑な機器を使わずに簡単に合格品の太さを検査できる。

その後，発問❷どんな日本一大切にしたいものがあるのかについて考えさせた。子どもたちはこの発表を次のように板書でまとめた。

【板書イメージ】

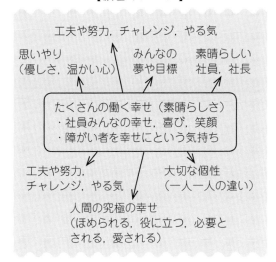

工夫や努力，チャレンジ，やる気

思いやり（優しさ，温かい心）　みんなの夢や目標　素晴らしい社員，社長

たくさんの働く幸せ（素晴らしさ）
・社員みんなの幸せ，喜び，笑顔
・障がい者を幸せにという気持ち

工夫や努力，チャレンジ，やる気　大切な個性（一人一人の違い）

人間の究極の幸せ（ほめられる，役に立つ，必要とされる，愛される）

働く幸せを中心に板書。囲みや矢印は，次の発問❸で追加した。

❸泰弘さんが守ろうとした「働く幸せ」は守ることができたでしょうか。

子どもたちはうなずき，納得の表情。全員が「できた」に挙手した。その上で，子どもたちが発問❷で発表した「日本一大切にしたいもの」は，泰弘さんが守ってきた「働く幸せ」の結果であることを，板書に囲みや矢印をつけて説明した（上の板書イメージを参照）。

これが必須！

ねらいに迫る発問である。思いやりも個性も努力も大切な価値内容だが，ここでは，働く幸せを守ることがすべての幸せにつながっている点を押さえたい。働くことがさまざまな価値につながることを理解させることで，より深い価値の学びへと導く。

ここで，
「ある人から，特別にメッセージが届いています」
と話し，後を継いだ現社長さんからのメッセージ動画を視聴した（写真C）。

2019.1.17
日本理化学工業
社長 大山 隆久 さん

※概要は58ページを参照（メッセージ動画希望の場合は，氏名・勤務校・メールアドレスを明記し，次の宛先にお知らせください）。　taiji6262@tbz.t-com.ne.jp

その後，日本理化学工業にある「働く幸せ」として，会社入り口の働く幸せの像を紹介し，次のように話した。
「この会社には，社員みんなの『働く幸せ』があり，だからこそ『日本でいちばん大切にしたい会社』なのです。ここでは，晴れの日も雨の日も，会社入り口に立つ像に刻まれた人間の４つの幸せ（58ページ教材 ※参照）が，温かく社員を迎えています」

❹学校や学級には，みんなのために働いている人がたくさんいますね。

学びを日常につなぐ働きかけである。教師が用意した委員会などでがんばる子どもの写真を提示し，自分たちが高学年として行っている活動が，人のためになっていることを自覚させる。

写真を映すたびに，照れながら，けれどうれしそうな子どもたちの笑顔が教室にあふれた。

●**教材** 「働く幸せ」 大山隆久さんへの直接取材に基づき授業者が作成

　1960年のこと，大山さんが社長を務める日本理化学工業に養護学校の先生が知的障がいのある生徒の就職を頼みに何度も訪れます（1）（A）。泰弘さんは断りますが，「せめて体験だけでもさせてください」という言葉に同情した泰弘さんは2週間の仕事体験を受け入れました。体験の2人は昼休みも休まず熱心に取り組みました。少しの失敗も心から反省し，「ありがとう」の声に最高の笑顔。心を打つものでした。すると最終日，社員が「自分たちが面倒を見るから一生懸命な2人を雇ってほしい」と頼みに来ます。泰弘さんは軽い気持ちで採用しました。

　入社後も2人は熱心に働き，会社が楽しみで90分も前に来て玄関で待つこともありました。けれど，泰弘さんは，なぜそこまで熱心に働くのか，不思議でした。そして，あるお寺で悩みを打ち明けると住職は答えました。

　「人間の究極の幸せは人に愛されること，人にほめられること，人の役に立つこと，人から必要とされることの4つ。障がい者が施設より会社で働きたいと願うのは，社会で必要とされ本当の幸せを求める人間の証です」…（※）

　泰弘さんは胸のつかえがとれ，2人の笑顔が頭に浮かびました。また，2人の「働く幸せ」を守ろうという心が生まれ，その後，少しずつ知的障がいの社員を増やしていったのです。（2）

　しかし多くの困難がありました。計算などが苦手な障がい者が仕事をするのは大変です。自分のペースが乱されると暴れてチョークを全部壊し，反省しては会社に戻る，そんなことが何十回も続く人もいました。障がい者のせいで仕事が増えるなど，不満をもつ社員も出てきました。社員全員を幸せにと願う理想は行き詰まってしまいました。

　けれど，泰弘さんは考えた末，信号の色をヒントに色で作業を視覚化して大成功。容器と原料の量を量るおもりの色を同じにするなど，複雑な用具もわかりやすく工夫し環境を整えると，障がい者も十分理解できたのです。…（B）

　成功体験が自信や安心感になり，自分が役に立つと実感できました。休みがちだった社員には，彼が作業しないとみんなが困ることを理解できるように目の前で見せました。その社員は自らが必要な人間だと気づき，休まなくなりました。泰弘さんは，障がい者は一度自分が必要だと感じると，懸命にがんばることに気づきます。障がい者の喜びは健常者の喜びにもなりました。また迷った末，利益より知的障がい者の会社にこだわることに決めました。

　この会社では，社員みんなが「楽しい」と言います。以前，パニックを起こした障がい者はすでに勤続30年以上。ほかの社員が信じて待ち続ける間に忍耐力がつき，5年後にはパニックを克服でき，今ではほかの手助けもし，戸締り・清掃の表彰も受けました。会社は一人一人の個性を大切にするため毎年さまざまな表彰も行っています。

　こうして会社は社員みんなが活躍できるように工夫を重ね，現在では，障がい者こ用率70％以上，チョークの国内生産トップ。健常者より知的障がい者が多くても成功した，世界的にもめずらしい会社となりました。

大山隆久社長のメッセージ概要（動画4分）
　最初，障がい者は何かができない人で，健常者を増やした方がいいと思っていた。でも間違いだと気づかされた。彼らは，僕にはできない根気のいる仕事をずっと続け，すごい力で会社を支えてくる人たちだった。それに気づき，障がい者と一緒に成長できる会社をめざすという気持ちに変わった。

| 所見
文例 | ◆ この授業で この言葉を ◆ |

> 　「働く意味」をテーマにした学習では，人のため働く喜びや素晴らしさ，学校や学級での自分の仕事の大切さを自覚し，これからの活動に生かして一生懸命取り組みたいと意欲を高めていました。（自己の生き方）

（新潟県　渡邉泰治）

4. 日本の文様

<関連する主な内容項目>　C　伝統と文化の尊重, 国や郷土を愛する態度

　この内容項目を扱った授業は, 低学年では, 伝承遊びや地域の行事, 身の回りにある昔から伝わるものなどが題材として多く取り上げられています。日本の文様は, さまざまなものに用いられているのですが, はっきりと意識したり気づかれたりすることが少ないようです。しかし, 日本の文様には, 日本人の自然を愛する心・繁栄や長寿など, よりよい人生を願う美しい心がたくさん詰まっています。

　授業では, まず東京オリンピック・パラリンピックのエンブレムを取り上げ, 日本の文様の成り立ちや込められた願いに気づかせることで, 日本の伝統と文化の素晴らしさを伝えたいと思います。

教材　・「東京2020　オリンピック・パラリンピックのエンブレム」
　　　　・「日本の文様　各種」

東京オリンピック・パラリンピックのエンブレムのモチーフに使われた市松模様

一段上に

■「東京2020　オリンピック・パラリンピックのエンブレム」を導入に

　東京オリンピック・パラリンピックが間近に迫りエンブレムを目にする機会が多くなっています。しかし, そのエンブレムが日本の文様から発想を得たものと知っている子どもは少ないのではないでしょうか。

　エンブレムを導入に用いて授業への意欲をもたせ, さらに日本の文様をクイズ形式で提示することで, それらに興味・関心と親しみをもたせます。

■ 低学年の道徳だからこそ, 描く活動・色塗りの活動を授業の終末に

　低学年の子どもは, 身近なものの模様やデザインにはあまり関心をもっていないかもしれません。しかし, この授業をきっかけに日本の文様のよさに気づき, 愛着をもってほしいと考えます。ですから, ワークシートを活用して描いたり塗ったりする活動を取り入れましょう。まだ字の学習をしていない時期でもできるので, お勧めです。

　また, この授業で描いたり塗ったりした作品を教室に掲示し, さらに親しみをもって生活できるようにします。

指導目標

　日本には自然や植物などを由来としたさまざまな文様があり，人々の願いが込められていることを知り，それらに親しみをもち，大切にしていこうとする心情を育てる。（道徳的心情）

準備するもの

・東京2020 オリンピック・パラリンピックのエンブレム（提示用）
・掲示用日本の文様各種（パワーポイントや絵カードで提示）
・ワークシート（62ページに掲載）（配付用）
・文様のあるふろしきや手ぬぐい（あれば）

授業の実際

　東京オリンピック・パラリンピックのエンブレムを提示し，次のように問いかけた。

❶これを，知っていますか。

　子どもたちからは，
　・知っている。
　・東京オリンピック・パラリンピックのエンブレムだ。
と元気な回答があった。

❷このエンブレムの模様について思ったことを教えてください。

　次のような発表があった。
　・色が青い。
　・小さい四角がいっぱい集まっている。
　・かっこいい。
　この後，エンブレムが昔から日本に伝わる市松模様という模様から考案された「組市松紋」であること，大昔から使われていること，2つの色の四角を交互に（代わりばんこに）並べたものであることを説明した。
　低学年の子どもには「伝統」という言葉は難しいので，「日本で昔から伝わってきた」という表現を用いる。文様の意味については

「同じ形が集まった模様」と話しておく。

❸市松模様のように，日本には昔から伝わってきた文様があります。これからクイズを出すので，どんなものからできた文様か考えましょう。

　文様の絵カードを提示し，クイズ形式で聞いていく。桜・松竹梅など連想しやすいものから1つずつ出題していく。正解を出すことが重要ではなく，子どもたちの考えや発想を認めながら楽しい雰囲気で進める。
　文様はさまざまあるが授業で扱ったのは以下の10である。

　(1)　さくら
　(2)　まつ
　(3)　たけ
　(4)　うめ
　(5)　せいがいは
　(6)　あさのは
　(7)　からくさもよう
　(8)　やがすり
　(9)　うろこ
　(10)　しっぽう

　風呂敷など実物を準備して，実際に見せると効果的である。
　子どもたちは，「わかった」「○○かな」「何かな」など，大変意欲的に発言した。答えを知ると，「へえ，そうなんだ」などと素直な驚きの言葉を口にしていた。

❹これらの文様には，意味や願いがあります。どんな意味や願いが込められているでしょうか。

　それぞれの文様の意味や込められた願いを子どもに問いながら，確認していき，わかりやすい言葉で板書していく。

これが必須！

　文様にどんな意味や願いが込められているかを問うことで，日本人が豊かな自然や植物から文様を創り出し，幸せに生きたいと願ってきたことに気づかせる。

意味や願いについては，難しい用語は，「しあわせ」「いいことがある」「えんぎがいい」「げんきにそだつ」など，子どもにわかりやすい言葉に置き換えて伝え，板書する。

文様の意味や願いは以下の通りである。

(1)さくら…美しい日本の花の代表。稲の豊作を願う。

(2)松　　(3)竹　　(4)梅

　松竹梅…寒さに耐えて育つ・咲くことから縁起がよいとされている。

(5)青海波…静かな海で縁起がよい。

(6)麻の葉…麻の葉はすくすく伸びることから，赤ちゃんの産着によく用いられてきた。

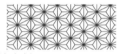

(7)唐草模様…つる草が伸びていく様子から強い生命力を表す。

(8)矢　絣…矢を射ると戻ってこないことから結婚のときの着物として持たせた。縁起物。

(9)うろこ…蛇などが脱皮することから厄を落とす。縁起物。

(10)七　宝…円が連続してつながることから円満・調和・ご縁の意味。

❺みなさんはこのような文様を見たことがありますか。知っていますか。
・スカートの模様が市松模様みたい。
・唐草模様はアニメで見たことがある。
・知っている。折り紙の模様であったよ。
・うちのふろしきの模様が「あさのは」だった。
・おばあちゃんの着物の模様が，「やがすり」だった。
　見たことがないという子どもには，
「見たことがあるけど，気づかなかったかもしれないから，今度見たら気づくかもしれないね」
と話し，日常での気づきに期待した。

【これが必須！】
　文様があるという知識で終わるのではなく，見たこと・知っていることを問うことで子どもの経験を語らせ，生活のなかの文様に気づかせる。見たことのない子どもには友達の発言を聞くことで想起しやすくさせる。

❻今日の学習で，思ったことや考えたことを発表してください。
　次のような発表があった。
・知らなかったけど，文様がきれいだなと思った。
・文様の意味のよいことが起こりそうで，うれしくなった。
・今日学習した模様がおうちにあるか探してみたいな。
　授業の終末として，ワークシートを配り，模様を描いたり，色塗りをしたりする活動を取り入れる。

❼今日の授業でいいなあと思った文様に色を塗ったり，描いたりしましょう。
・ぼくは，やがすりがかっこいいと思ったから描いてみたよ。
・波の模様を描いたよ。楽しいね。
・さくらがかわいいから，色を塗ったよ。
「一生懸命塗ったり描いたりして，きれいな模様ができましたね」
と子どもの活動を認め，授業を終える。

●ワークシート

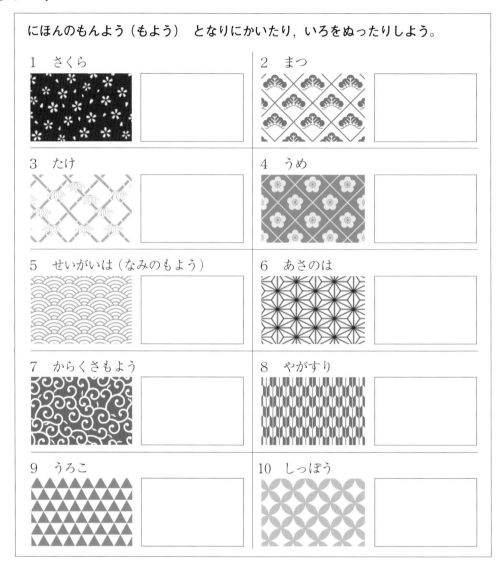

にほんのもんよう（もよう）　となりにかいたり，いろをぬったりしよう。

1　さくら

2　まつ

3　たけ

4　うめ

5　せいがいは（なみのもよう）

6　あさのは

7　からくさもよう

8　やがすり

9　うろこ

10　しっぽう

**所見
文例**

◆ この授業で この言葉を ◆

　「日本の文化と伝統を大切にすること」をテーマにした学習では，自然や植物を由来とした人々の願いが込められた文様があることがわかり，大切にしていきたいという思いをもちました。（道徳的諸価値の理解）

（新潟県　大淵栄子）

5.「ごめんね」「いいよ」に必要な気持ちとは
～鬼太郎とねずみ男から寛容に必要な心を学ぶ～

<関連する主な内容項目>　B　相互理解・寛容

　日本は,「失敗が許されない国」と言われることがあります。ニュースからも,謝罪会見や責任追及の場面がよく流れています。さらに,当事者以外がSNSなどで,執拗に糾弾しているところも目にします。なかには,そこまで言う必要があるのかと,疑問に思うことも多々あります。

　寛容の心が足りない社会で,人々は幸せに生きていけるのでしょうか。寛容には,他者理解をする力と,許し合える雰囲気づくりが必要です。この2つを高めるために,ゲゲゲの鬼太郎のアニメを使用して授業を構想しました。

教材　・テレビアニメ「ゲゲゲの鬼太郎　地獄の四将！　黒坊主の罠」
フジテレビほかにて　2019年6月30日

©水木プロ・フジテレビ・東映アニメーション

■ 何で「ねずみ男」は退治されないの？

　ねずみ男は,いろいろな悪さをするのに,なぜか退治されません。鬼太郎は「仲間だから」という単純な理由でねずみ男を許しているわけではありません。おそらく,「相手から謝られたら,それを許せる自分でいたい」「みんな退治してしまえという考えこそ,いちばん恐ろしい」という,寛容に必要な心をもっているのでしょう。

　相手がいかに謝罪したかではなく,自分にその気持ちがあるかどうかが大切であることに気づかせたいと思います。

■ 反論を引き出す問いで,納得解を導き出す

　道徳の授業では,子どもたちからなかなか本音が出ないときもあります。そんなとき,私は,「じゃあ,これでいいじゃないですか」という,あえて反論を引き出す問いをすることがあります。このタイプの発問をすることで,「先生,そんな単純じゃないんだよ」という子どもなりの正しさの基準が浮き出てきます。そして,そこを掘り下げていくことで,各自が納得できる答えを導き出していくことができるようになります。

指導目標

　相手の失敗を許し，自分が失敗したら相手へ誠意を示すことの大切さに気づき，互いに理解し合って学校生活を過ごそうとする態度を育てる。（道徳的態度）

準備するもの

・鬼太郎とねずみ男のイラスト（提示用）
・教材「鬼太郎にとってねずみ男とは」(66ページに掲載)（配付用）

授業の実際

　最初に，
　「今日は『ゲゲゲの鬼太郎』から学ぶ授業です」
と言って，鬼太郎とねずみ男のイラストを提示した。アニメ「ゲゲゲの鬼太郎」は，全員が本やテレビで見たことがあった。

❶鬼太郎とねずみ男には，どんなイメージがありますか。

　どちらかには限定せずに発表させ（両者でも可），黒板に整理していった。

鬼太郎
・正義の味方。
・優しい。
・妖怪だけど，人間のために妖怪と戦う。
・悪い妖怪を倒す。
ねずみ男
・ずるい。
・自分が得をすることばかりする。
・いつも失敗ばかりだけど，こりない。
・大体ねずみ男が原因で問題が起こる。
・困ったときだけ，鬼太郎に助けを求めてくる。

　鬼太郎とねずみ男を対比させることで，ねずみ男の欠点が多く発表された。そこで，次の発問をした。

❷鬼太郎は悪いことをする妖怪は退治しますよね。この意見だと，ねずみ男も退治されそうに思えますが，どうですか。

　子どもたちからは，
　・友達だから，退治しない。
　・昔からの仲間だから許しちゃう。
　・仕方なく一緒にいてあげている。
という意見が出された。ねずみ男は，悪いことはするけれども，どこか憎めない登場人物のようである。
　そこで，
　「自分が鬼太郎なら，このねずみ男と一緒にいたいですか」
と問い返すと，全員が，
　「嫌だ！」
と答えた。このやりとりから，子どもたちに，
　「なぜ，ねずみ男は鬼太郎から退治されないのだろうか？」という問いが生まれた。

❸鬼太郎の考えを聞いてみましょうか。

　教材を配り，範読した。子どもたちから，「ああ」「そうか……」というつぶやきが聞こえた。鬼太郎の考えを知り，自分たちには，何か悪いことした人を排除しようとする気持ちがあることに気づいたようである。
　感想を聞いたところ，
　・「謝れば許せる自分でいたい」という考えがすてきだと思った。自分も心から謝られたら，許していきたいと思う。
　・悪いことをした人をみんな許さない世界はよくないと思った。
　・鬼太郎はねずみ男のためでもあるけれど，自分のためにも許していると思う。
という発表があった。
　ここで，鬼太郎の寛容な考えと対比させるために，次の発問をした。

❹もし，一度の失敗が許されない世界だったら，どうなると思いますか。

　・失敗しても，かくすようになる。
　・どうせ謝っても許されないなら，謝ってもむだだと思っちゃう。
　・失敗しないように，ビクビクして生きて

いかなければいけない。

・自分はそんな世界はいやだ。

　子どもたちからは、「そんな世界は生きづらい」という意見がたくさん出された。

　ここで、あえて反論を引き出すために、次の発問をした。

❺では、これからこのクラスでは、謝れば何でも許してもらえますね。

　ここまで、寛容の大切さを学んだので、半数ほどの子どもたちは、納得している顔でうなずいた。一方で、険しい顔をしている子を見つけ、

「○○さん、どうですか」

と聞いた。すると、

「心がこもってない謝り方や、謝っても何回も同じことをしたら許せないかも……」

という意見が出された。ほかにも、

「人の命に関わることとかだと許せない」

と答えた子もいた。周りの子たちに

「どうですか」

と振ると、「確かに……」と悩み始めた。

　子どもたちの多くが困った顔になったのを確認して、

「では、失敗を絶対しないようにしましょうか。できる人？」

と聞くと、全員が、

「それは無理です！」

と答えた。

これが必須！

　子どもの考えを揺さぶりたいときには、全か無かを問うような極端な発問が有効である。そうすることで、子どもたちのなかに、それぞれのよい点と問題点が浮き出てくるようになる。そこから、自分たちが大切にしなければならない価値に気づいていくようになる。

❻失敗したときは、お互いにどうすればよいか、みんなで考えてみましょう。

　ここでは、全員に発言の機会を与えるため、まず、班での話し合いを行った。その後、全体で発表させたところ、次のような意見が出された。

・まずは心を込めて謝る。言葉だけじゃなくて、表情や全身で悪かったと思っていることが伝わるようにする。

・「次からこうする」と考えて、それを伝える。

・自分も失敗するし、お互いさまだから、そのときは許せない気持ちがあるかもしれないけれど、我慢して許したい。

・謝られたら、「いいよ」と言ってあげる。

　発表後、小さいころは「ごめんね」と言われたら、必ず「いいよ」と答えていたことを思い出させた。謝って「いいよ」と言われたときの安心感を想起させ、

「心から謝られたら、許せる自分でいたいですね」

と話をした。

❼今日の授業で、わかったことをまとめましょう。

　ワークシートを配付。記述が終わった子どもから起立する。順番に指名して、発表させていく。このやり方だと、何を書こうか迷っている子どもも、友達の意見を参考にして自分の考えを書けるようになる。

☆ 道徳の宿題から家庭との連携へ ☆

　本学級では、道徳の宿題を積極的に出している。授業で学習したことを再度家庭で考え、自分の意見を熟考してみる。このとき、保護者と話し合う活動を取り入れると、さらに考えが広がったり深まったりする。本時の例では、鬼太郎の考え方について、保護者と話し合うようにする。

　こうした取り組みを積み重ねていくと、保護者が感想や道徳的課題への意見を寄せてくれるようになる。それらは、「道徳通信」として配付し（もちろん、了解を取った上で）、家庭との連携を深めていく。また、それを使いながら、朝の会などで再度教師が話をすることも効果的である。

●**教材**　鬼太郎にとってねずみ男とは？

　ねずみ男が原因で，大問題が起こってしまう。
　石動零（いするぎれい）が，ねずみ男を退治しようとして，鬼太郎がねずみ男を助けて戦う場面での会話。

> 友達だからかばうのか！
> 悪事をはたらいてきた妖怪を
> 山のように退治してきたじゃないか！

石動零

> 確かにねずみ男は同じ過ちを何度も繰り返している。
> それを改心する気配すらない。

鬼太郎

> でも，こういうやつが生きる余地のない世界こそ，ぼくが最も嫌うものだから。
> 過ちを犯せば，怒るし，こらしめもする。
> でも，痛い目にあって，謝れば，それを許したい！
> 許せる自分でいたい！

> 悪人を許すことができずに，みんな退治してしまえという考え方こそ，
> 異物の存在を許せない，一色にこりかたまって，
> そのおかしさに気づけないことこそが，ぼくは一番恐ろしい。

> 鬼太郎にとって，ねずみ男ってなんなの？

猫娘

鬼太郎

> ぼくが一度くじけそうになったとき，
> 立ち上がらせてくれたのは，ねずみ男だったんだ。

所見文例

◆ この授業で この言葉を ◆

　「お互いの理解」をテーマにした学習では，相手の過ちを許したり，異なる考えを受け入れたりする大切に気づき，これからの学校生活に生かしていこうという思いをもちました。（自己の生き方）

（愛知県　栁田一帆）

6. 二番目の悪者
～考えない, 行動しない, という罪～

＜関連する主な内容項目＞　C　よりよい学校生活, 集団生活の充実

　本の帯には,「考えない, 行動しない, という罪」という言葉が書かれています。絵本を読むと, 銀のライオンの評判を落とすために金のライオンがうそのうわさを流している場面があります。インターネットの普及により, いつでもどこでもさまざまな情報が手に入る時代です。だからこそ, その情報をうのみにするのではなく, 情報を取捨選択しながら生活していく必要があります。

　絵本の冒頭にも「これが全て作り話と言い切れるだろうか？」とあるように, この絵本を通して普段の生活のなかでもいつの間にか「二番目の悪者」になる可能性があることに気づかせ, 不確かな情報に惑わされない判断力を身につけてほしいと思い, 授業をつくりました。

教材
・『**二番目の悪者**』林木林：作　庄野ナホコ：絵（小さい書房）
・**警視庁ウェブサイトの呼び掛け記事** https://www.keishicho.metro.tokyo.jp/kurashi/cyber/joho/truth.html

一段上に

■ 二番目の悪者とはいったい誰なのか, を問う

　物語の後半に, 動物たちが自分たちの言動について考え直す場面が出てきます。ここで, 子どもたちに「二番目の悪者は誰なのか」と問います。今まで金のライオンが悪者だと思っていたけれど, 実はそれを信じてうわさを広めた動物たちの言動にも問題があることに気づかせます。そして, 悪意のある者はいなくても情報を確かめなかった, 情報をうのみにしてしまった動物たちの「考えない, 行動しない, という罪」について認識を深めていきます。

■ インターネット, SNSなどの情報教育と関連させる

　授業の後半では, 警視庁のウェブサイトの記事を一部抜粋した資料を提示します。絵本の世界と自分たちの生活と結びつけ, より自分たちの身近な問題として考えることができるようにするためです。つい信じてしまいそうな情報でも「これらの情報は本当のことなのか」と自分自身に問いかけるなど, 不確かな情報に惑わされないように生活するためにはどうしたらいいかを考えるためのヒントとなる資料です。

指導目標

　悪気がなくても誤った情報を広げてしまうときがあることに気づかせ，情報を正しく判断する力を育てる。（道徳的判断力）

準備するもの

・『二番目の悪者』（提示用）
・警視庁ウェブサイトの呼びかけ記事（提示用）

授業の実際

　授業の開始と同時に絵本の表紙を提示する。子どもたちからは，
　「えっ，ライオン？」
　「このライオンが，悪者なの？」
という声が聞こえた。
　しばらく子どもたちの声に耳を傾けた後，次のように聞いた。

❶気づいたこと・考えたこと・ハテナと思うことはありますか。

　ペアで話し合わせた後，列ごとに発表させると，
　・ライオンが笑っているように見える。
　・ライオンが何か持っている。何だろう。
　・二番目の悪者って書いてあるけど，ライオンが悪者なのかな？
などと，表紙の絵に関する気づきや題名に対する疑問が出された。子どもたちの考えを聞いたところで
　「実はこの本の帯にはこんな言葉が書かれていました」
と言って，本の帯を見せた。
　「考えない，行動しない，という罪」の言

葉に注目させて，次の発問をした。

❷いったい，どういうことでしょうか。

　表紙とこの言葉だけで考えるには，難しい発問である。そこで，
　「いったい，どういうことなのか，この本を読んだらわかりますよ」
と言い，絵本を読みたいという興味をもたせてから，読み聞かせを始めた。

これが必須！

　教材との出合いの場面では，「この続きが気になる」と興味をもたせたい。
　そのときに，その教材に対する問題意識をもたせるために，今回は本の帯の言葉を提示した。そうすることで「考えない，行動しない，という罪」とはどういう意味だろうという読みのめあてをもって，教材と向き合うことができる。

　金色のたてがみを持つ金のライオンは，国の王になりたかった。ところが，まちはずれに住む優しい銀のライオンが次の王様候補になりそうだといううわさを聞き，実際に銀のライオンがどんな様子なのか確かめにいく。「このままでは，銀のライオンが王になってしまう」と思った金のライオンは，銀のライオンについての根も葉もないうそをみんなに話し始める。初めは誰も信じないのだが，ぽつりぽつりとうわさが流れ始め，銀のライオンを疑う者が現れ始めた。金のライオンがついたうそが「本当のこと」として知れ渡っていった。

『二番目の悪者』最初からp.41までのあらすじ

　ここで，次の発問をした。

❸何か問題点はありましたか。

　ペアで絵本の内容を振り返りながら，何が問題だったか話し合わせた。初めに，
　「金のライオンがうそのうわさを流したこと」
という金のライオンの問題点が出された。そこで，

「どんなうわさでしたか」
と子どもたちに聞き，金のライオンが流した
うわさを絵本と照らし合わせながら確認した。
　そして，
「この後どっちが王様になったんだろうね」
と言いながら，絵本の続きを読み聞かせた。

> 　金のライオンは国の王になった。すると金のライオンは好き勝手に国を治めた。周りと争いを始め，国民の農作物を独り占めし，国はたちまち荒れ果てた。国民は「銀のライオンが王様だったら，こんなことにはならなかったのよ」と話し始める。
> 前掲書　p.41からのあらすじ
>
> **以下，国民たちの会話を一部抜粋**
>
> 「僕はただ，銀のライオンに気をつけてって聞いたから，仲間に教えただけだよ」
> 「私だって，なんとなく心配だったから，家族に知らせただけだわ」
> 「おいらだってちょっと気になって，メールを転送しただけさ」
> <u>金のライオンの他には悪意のあるものなど誰一人としていなかった。</u>
> （中略）　前掲書　p.51
> 　野原のすみで，野ネズミが静かに口を開いた。「僕は聞いた話を，友達に教えてあげただけなんだよな。<u>でも，自分の目で何か一つでもたしかめたっけ……？</u>」
> 前掲書　p.54
> 「ほんとうに，金のライオンだけが悪かったのか……？」
> 前掲書　p.56

下線部分は特に子どもたちに印象づけたいため，あらかじめ隠しておき，ゆっくりと読み進めた。ここまで読み進めたところで，もう一度本の帯を見せて次のように聞いた。

❹「考えない，行動しない，という罪」に問われそうなのは誰ですか。

　ノートに自分の考えとどうしてそう思ったのか理由も書くように指示をした。すると，「国民」と全体を示す子もいれば，「ネズミ」「キツネ」などと具体的な動物の名前を出す子も

いた。理由を発表させると，

- ・金のライオンの話を聞いて疑ったのに，確かめるという行動に移していないから。
- ・金のライオンが流したうわさを何も考えずにいろんな人に広めていったから。

という意見だった。そこで，
「この本には『金のライオンのほかには悪意のあるものなど誰一人としていなかった』と書いてあるから，別に国民たちは悪いことしていないのではないですか」
と切り返した。すると，
「金のライオンがやっぱり悪いけれど，うわさを確かめずに流した動物も悪いと思います」
という意見が出た。
　ある程度議論が進んだところで，本のいちばん初めに書かれている一文を紹介する。

> 　これが全て作り話だと言い切れるだろうか？
> 前掲書　p.1

続いて，
「実は警視庁がこんなことを呼びかけています」と言って，次の文を紹介する。

> **不確かな情報に惑わされないために**
> 　従来，うわさや情報は，直接会って広まるものでしたが，インターネットの普及によってより簡単に広まるようになりました。（中略）しかし，これらの情報は本当のことなのでしょうか？
> 　得られた情報が自分や友人に影響のある内容の場合，急いで教えたくなりますが，まず，その情報が本当か確かめる必要があります。
> 教材（70ページ掲載）を筆者まとめ

❺「二番目の悪者」にならないために，気をつけたいことは何ですか。

　ノートに自分の考えを書かせる。その後，本時の授業で学んだことをノートに振り返らせ，授業を終えた。子どもたちの意見は，後日，通信や朝の会で紹介し，絵本と一緒に掲示しておき，意識を継続させていく。

●**教材**　警視庁ウェブサイトでの呼びかけ記事「不確かな情報に惑わされないために」
（実際の授業では，この記事の一部を抜粋して子どもたちに紹介した）

不確かな情報に惑わされないために

情報の拡散

　従来，うわさや情報は，直接会って広まるものでしたが，インターネットの普及によってより簡単に広まるようになりました。例えば，インターネット拡大初期にはチェーンメールが生まれ，さらに今ではSNSやメッセージアプリでの拡散が行われるようになっています。インターネット上で広まる情報には様々なものがありますが，本当のことか疑わしい例として，

・○月×日△時ごろに関東で大地震が発生すると発表がありました
・有名企業○○が実は倒産寸前らしい
・△△駅に通り魔発生！今すぐ逃げろ！
・新しい犯罪手口が流行っているので，このような対処をしてほしい

などといった内容が，もっともらしく書かれており，つい信じてしまいそうになります。
　しかし，これらの情報は本当のことなのでしょうか？

インターネット上で流れる情報は全て真実とは限らない

　得られた情報が自分や友人に影響のある内容の場合，急いで教えたくなりますが，まず，その情報が本当か確かめる必要があります。何故なら，**インターネット上で流れる情報は全て真実とは限らない**からです。もしウソや根拠のない情報を拡散してしまった場合，

・自分の信頼が損なわれる
・（信じて拡散してしまった場合）友人の信頼も損なわれる
・風説の流布や犯罪にあたる場合がある
・風評被害が広まったとして企業等に損害賠償を請求される

等，不利益を被る可能性があります。このような事態にならないよう，落ち着いて情報の真偽を自ら判断しましょう。

所見文例

◆ この授業で この言葉を ◆

　「不確かな情報に惑わされないために」をテーマにした学習では，何も確かめずにうわさを広げてしまった動物たちの問題点に気づき，自分も同じようなことをしないようにはどうしたらいいかを考えることができました。（自己の生き方）

（愛知県　平井百合絵）

必須！ 共に生きる思い

僕も，あなたも，周りの人も，みんなが笑顔で暮らせたら最高だね。

1. 本当の親切心
2. 暮らしの"目利き"になろう
3. 働く幸せ
4. 日本の文様
5. 「ごめんね」「いいよ」に必要な気持ちとは
6. 二番目の悪者

　令和の時代は，高度情報化，少子高齢化，国際化など，大きな社会の変化が訪れると言われています。予測困難なこれからの暮らしのなかで，人間が人間らしく生きていくためには，共生の精神が必要です。

　日本人も外国人も，マイノリティー（社会的少数派）の人たちも，みんなが幸せに暮らせるようになるためには，共に生きる思いをもつことが何より大切です。

1. 本当の親切心

　この授業は，落とし物をしてしまったという2つのエピソードで構成されている。2つ（複数）の資料を提示するのは，「この2つを比較して考えよ」という授業者のメッセージである。あえて発問や指示として示さなくても，子どもたちはその意図を理解し，2つに共通する（または対立する）要素を考え始める。

　親切な行為は，受けた側も行った側も，共にうれしい。この思いこそが，本当の親切心である。

2. 暮らしの"目利き"になろう

　子どもたちをある道徳的な行為に導くとき，その指針となる言葉（キャッチコピー）があると効果的である。

　「きちんとしよう」では，抽象的すぎる。「きれいにしよう」では，あまりに直接的。「規則を守ろう」では，強制になる。

　そこで，「暮らしの"目利き"」である。野菜の写真が子どもたちの興味を引き，「目利き」という言葉にプロ意識を感じる。授業の枠内にとどまらず，実際の行為を意識した授業である。

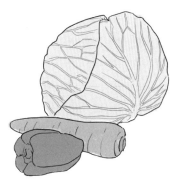

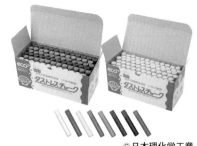

3. 働く幸せ

　働くことの目的は，対価としての賃金を得て，自分の生活を安定させることにある。衣食が足りなければ，礼節を知ることが困難であるのは，ことわざが示す通りである。

　けれども，それだけでは人として豊かな人生とは言えない。賃金のほかに何が必要なのだろうか。それは人の役に立ち，自分が必要とされることである。働くことの意義，そして，本当の幸せへ続く道標を示してくれる授業である。

©日本理化学工業

4. 日本の文様

　読み物資料は，文字という記号の組み合わせでつくられている。情報量を増やせば，それに比例して文字数が増える。低学年の子どもには，難解な資料になる。

　文様は，図や絵のレベルである。視覚的で具体的な資料として子どもたちにそのメッセージをわかりやすく伝えてくれる。授業では，風呂敷などの実物も提示し，身の回りにある文様にも目を向けさせる。わが国の伝統文化を実生活の場面へと効果的に導く，資料提示と展開の妙である。

5. 「ごめんね」「いいよ」に必要な気持ちとは

　なぜ鬼太郎は，数々の悪事をはたらくねずみ男を許すのか（許せるのか）。これは，主人公・鬼太郎の「人間性」に着目した問いである。

　これは，子どもたちにとっても，驚きの問いである。これまで思ってもみなかった視点を示された子どもたちは，「ゲゲゲの鬼太郎」という創作の世界に入り込む。そして，ある子は鬼太郎の立場で，また，ある子は，客観的な立場から鬼太郎の心のなかを探り，その理由を考え始める。

©水木プロ・フジテレビ・東映アニメーション

6. 二番目の悪者

　絵本『二番目の悪者』は，今日の情報化社会の大きな問題点を，動物たちを登場人物にしてズバリ指摘している。不確かな（または悪意のある）情報を最初に流した者が一番目の悪者とすれば，それを広めた者たちは，紛れもなく二番目の悪者である。

　絵本を教材として授業が展開された後，警視庁からの「呼びかけ文」が提示される。動物たちのお話が，現実のものとなる。子どもたちにとって，必須の情報モラルの授業である。

『二番目の悪者』林木林：作　庄野ナホコ：絵（小さい書房）

（編著者　佐藤幸司）

第4章

納得！教科書教材の活用法

実　践　編

第4章

納得！ 教科書教材の活用法

● 第4章の内容

1. うまれたての　いのち

<関連する主な内容項目>　D　生命の尊さ

　一休さんは，お祝いの席で，「何かおめでたい言葉を書いてください」と頼まれました。「喜んで書きましょう」と引き受けた一休さんは，「親が死に，子が死に，孫が死ぬ」と書いて渡しました。

　これを読んだ人は，「何かおめでたい言葉とお願いしたのに，死ぬ・死ぬ・死ぬとはどういうことですか」と怒りました。けれども，この言葉には理由がありました。

　一休さんの逸話を教科書教材に結びつけて，授業を構想しました。

教材　・**「うまれたての　いのち」** 平成30年度版『しょうがく
　どうとく　いきるちから1』日本文教出版
　・**「めでたい言葉」**（一休禅師の逸話をもとに授業者が作成）

> 一休様，わが家に孫が生まれました。そのお祝いに，何かおめでたい言葉を書いていただけませんか。家宝にいたします

親	子	孫
死	死	死
ぬ	ぬ	ぬ

 一段上に **グレード UP!**

■ 子どもの問いとして引き出す

　授業前半は，教科書教材（各社教科書の同じ内容項目を扱った教材でも可）を使った話し合いを行います。話し合いを通じて，子どもたちの問題意識を「命の大切さ」に集約していき，黒板に「大切な命」と書きます。

　後半は，一休禅師（一休さん）の逸話を教材として用います。一休禅師は，家族の幸せを表すめでたい言葉として，「親死ぬ　子死ぬ　孫死ぬ」と書きました。ここで，子どもたちの心に「なぜ？」という問いが生まれます。この問いを発問に変えて，一休禅師の言葉の真意について考えていきます。

■ 子どもの問いとして引き出す

　本時で扱う主たる内容項目は「生命の尊さ」ですが，内容項目「家族愛」と色濃く関わってきます。現実の世界では，当然のこととして，複数の内容項目が絡み合ったり，支え合ったりしてきます。家族愛をまったく考えない生命尊重の授業は，あり得ないはずです。

　ですから，「これは生命尊重の授業だから……」という凝り固まった考えはもたずに，子どもたちの思いや意見をゆったりと受け止めてください。命の出発は家族のぬくもりのなかにあり，家族と共に命が育まれていくのです。

指導目標

　生命の大切さを家族との関わりから考え，生命あるものを大切にしようとする態度を育てる。（道徳的態度）

準備するもの

・教科書教材「うまれたての　いのち」
※使用している各社教科書の「生命尊重」に関係する教材で可
・一休禅師の肖像画とアニメ「一休さん」のイラスト（掲示用）
・「めでたい言葉」（78ページに掲載）（配付用）

授業の実際

　教科書教材「うまれたての　いのち」8～9ページの「花・鳥・カタツムリ」の写真を提示して問いかけた。

❶何の写真でしょうか。

　写真は3枚同時に見せて，それぞれの写真について聞いていく。子どもたちからは，
　・花の芽が出て，のびていく写真。
　・おかあさん鳥が，ひなにえさをやっている。
　・小さいカタツムリは，生まれたばかりの赤ちゃんで，となりにいるのがおかあさん。
という発表があった。
　「お花も，鳥も，カタツムリも，みんな生まれたばかりの赤ちゃんなんだね」
と話し，黒板に

> うまれたての　いのち

と書いた。

❷みなさんが知っている「命あるもの」を教えてください。

　3枚の写真がヒントになり，子どもたちからは，次々と「命あるもの」の発表があった。
　出された考えは，内容ごとに黒板に整理した。
　・いぬ　・ねこ　・くま　・ライオン

　➡どうぶつ
　・さくら　・チューリップ　・まつの木
　➡しょくぶつ
　・じぶん　・ともだち　・かぞく
　➡にんげん

　全員に一つずつ発言させたら，教科書の次のページを開く。赤ちゃんの写真を見せて，教材文を読み聞かせた。

あかちゃんが　うまれたよ。
おおきな　こえで
まっかに　なって
ないて　いるよ。
だから　あかちゃんって
いうのかな。
わたしも　こんなに　ないて
いたのかなあ。

「うまれたての　いのち」p.10

　10～11ページを読み終えたら，
　「家に赤ちゃん（小さな弟妹）がいる人は，いますか」とたずねた。2人の手が挙がり，
　・お腹が空いてミルクがほしくなると，泣いている。
　・抱っこしてあげると，ニコニコする。
という発表があった。

これで納得！

　道徳の授業では，自分の経験を語る場面を意図的につくる。資料と自分が経験によって結びつく。それが，自分事として考えるということである。

　赤ちゃんの写真に注目させて，次のように聞いた。

❸赤ちゃんに，どんな言葉をかけてあげたいですか。

　すぐに挙手をした子を指名したところ，
　「たくさんミルクを飲んで，大きくなってね」
という発表があった。
　そこで，この言葉を例に，隣の人と（ペアで），一人が赤ちゃん役になって，互いに声をかけてみるように指示した。子どもたちか

らは，優しい言葉や励ましの言葉がたくさん出された。

ペアでの発表を終えたら，

「みなさんの誕生日を教えてください」

と聞いた。

列指名で，「11月30日です」というように，テンポよく全員に発表させた。教師は子どもの発言を受けて，何月生まれが何人いるのかを黒板に「正」の文字で記録していく。

❹自分の誕生日に，家の人からどんな言葉をかけてもらいましたか。

黒板に書いた誕生月を指して，

「赤ちゃんのときのことは覚えていないでしょうから，いちばん近い自分の誕生日のことを思い出してください」

と話した。子どもたちから出された言葉でいちばん多かったのは，

「お誕生日，おめでとう」

だった。ほかには，

「元気に育ってうれしいよ」

「大きくなって，よかったね」

という言葉もあった。

子どもたちからの発表を受けて，

「みんなが生まれて，家族のみんなが幸せなんだね」と話した。

ここまでが教科書教材を使った展開である。

ほかの教材を使った場合でも，「自分の誕生」から「家族もみんな幸せ」という視点をもたせ，次の展開へとつなげる。

ここで，一休禅師の肖像画を提示する。

❺この人は，誰でしょう。

子どもたちに想像させた後，「大人の一休さん」であることを伝える。アニメの「一休さん」のイラストを提示すると，子どもたちの興味を引きつけるのに，効果的である。

一休さんについて知っていることを発表させたところ，

・とんちが利く。

・とても頭がいい。

・有名なおぼうさん。

という返答があった。

ここで，資料「めでたいことば」から，商人が「何か，めでたい言葉を書いてほしい」と一休禅師に頼んだところまでを読み聞かせた。

❻一休禅師は，どんな言葉を書いたと思いますか。

子どもたちからは，次の考えが出された。

・めでたい。

・いっしょう　元気に。

・大きく　育て。

発表を聞いた後，一休禅師が書いたのは，

> 親死ぬ　子死ぬ　孫死ぬ

という言葉であったことを伝えた。

❼一休禅師は，どうしてこの言葉を書いたのでしょう。

最初は「え〜!?」と驚いていた子どもたちであったが，

・子どもや孫が先に死んだら，家族がすごく悲しむから。

・長生きをした人が，順番にご先祖様になっていくから。

という意見が出された。

これで納得！

自分の命は，何より大切である。その命を亡くしたら，残された家族はどれほど悲しむであろうか。自分の命は，自分だけのものではなく，家族の愛情のなかで育まれてきたことに気づかせる。

ここで，資料「めでたい言葉」の後半を読み聞かせた。一休禅師の

「これが逆になったらどうする」

という言葉に，子どもたちは納得した表情であった。

❽今日の勉強で，どんなことを考えましたか。

道徳のノートに，今日の学びを簡潔に書かせて，授業を終えた。

●**教材1** 一休さん

一休禅師

「一休さん」として
親しまれた修業時代

●**教材2** 「めでたい言葉」　一休禅師の逸話をもとに，授業者が作成。

あるお金持ちの商人が，一休禅師のもとを訪れました。

　一休様，わが家に孫が生まれました。そのお祝いに，何か
めでたい言葉を書いていただけませんか。家宝にいたします。

快く引き受けた一休禅師が書いたのは，この言葉でした。
めでたい言葉をお願いした商人は，カンカンに怒って，
「死ぬとはどういうことですか!?」
と，一休禅師を問いただしました。
　すると一休禅師は，次のように答えました。

孫	子	親
死	死	死
ぬ	ぬ	ぬ

　では，あなたは，孫死ぬ，子死ぬ，親死ぬの方が
いいのですか。

ますます怒って帰ろうとする商人に，一休禅師は，
「親が死に，子が死に，孫が死ぬ。これほどめでたいことがあろうか。これが逆に
なったらどうする」
と，話したそうです。

**所見
文例**

◆ この授業で この言葉を ◆

　「命の大切さ」をテーマにした学習では，自分の命を育んでくれ
た家族の思いに気づき，たった一つのかけがえのない命を大切にし
たいという思いをもちました。（道徳的諸価値の理解）

（山形県　佐藤幸司）

2. みほちゃんと, となりのせきのますだくん

<関連する主な内容項目>　B　友情・信頼

　私たちは, 身近にいる人たちのちょっとした言動から, 「あの人はこんな人だ」と勝手に決めつけてしまっていることがあります。逆に言えば, 自分自身が気づかないうちに周りから「こんな人」と決めつけられているかもしれないのです。このようにお互いが誤解したままだと, 友情を育んだり, 信頼関係を深めることは難しくなってしまいます。

　「みほちゃんと, となりのせきのますだくん」に出てくる2人も, お互いの言動から相手のことを「こんな子だ」と勝手に決めつけてしまい, 悩みは深まるばかりです。2人がどうしてこんなことになってしまったのか, どうしたら相手のことをもっと理解し, 同じ学級の友達としてよい関係を築いていくことができるのかを考えさせていきます。

教材　・「みほちゃんと, となりのせきのますだくん」
平成30年度版『小学どうとく2　はばたこう明日へ』 教育出版

『となりのせきのますだくん』
武田美穂:作・絵 (ポプラ社)

■ 挿絵を活用して思考を深める

　この教材では, 5枚の挿絵が使われています。これらを効果的に活用することによって, 2人のすれちがいや戸惑いを視覚的にとらえさせ, 思考を深めることができます。

　特にこのページで示した挿絵は, みほちゃんがますだくんを勝手に怪獣みたいだと決めつけていることがインパクトをもって伝わってきます。どうしてますだくんが怪獣みたいに見えるのかを考えさせることによって, ねらいに迫るための思考を深めていくことができるのです。

■ 教材での学びを日常生活に生かす

　道徳の授業で大切なことは, 教材での学びを日常的な言動の変容に結びつけていくということです。そこで, 怪獣に見えているますだくんの姿と本当のますだくんの姿を対比させて, 本当の自分をわかってもらうためにはどうしたらよいかという問題意識を高め, 日常生活に生かしていこうとする意欲に結びつけていきます。

指導目標

　知らないうちに誰かから怪獣みたいに思われてしまっていることがあることに気づかせ，友達に対する行動や言葉を気をつけようとする意識を高める。（道徳的実践意欲）

準備するもの

・教科書教材「みほちゃんと，となりのせきのますだくん」，または絵本『となりのせきのますだくん』『ますだくんの１ねんせい日記』（共に武田美穂：作・絵　ポプラ社）
・教材の挿絵３枚（提示用）

授業の実際

　授業開始と同時に，挿絵１（教科書p.44）を提示する。

❶気づいたこと，考えたこと，はてなと思ったことは何ですか。

　子どもたちからは次のような考えが出された。
・女の子がベッドの上にいる。
・まぶしそうにしているから朝かな。
・具合が悪そうな感じがする。

挿絵１　©武田美穂／ポプラ社

考えがいくつか出されたところで，冒頭の文を読み聞かせた。

> あたし，今日学校へいけない気がする。
> だって…。
> 頭がいたい気がする。おなかがいたい気がする。ねつがあるような気がする。
>
> 「みほちゃんと，となりのせきのますだくん」教科書p.44

　「みほちゃんに何かあったのでしょうか」と言って興味を高めた後，教科書45ページの挿絵２（79ページに掲載した書影のような場面）を提示した。子どもたちは「怪獣だ！」などと言って興味津々で見ている。

　「みほちゃんが，『学校へいけない気がする』と言っていたわけがわかりますか」と問いかけると，「となりに座っている怪獣からいやなことをされるからではないか」という考えが出された。そこで，「この怪獣は，ますだくんという男の子なんですが，本当はこんな子です」と言って，挿絵３（教科書p.48の「ますだくん」）を提示した。

　「実は，みほちゃんには，ますだくんが怪獣みたいに見えているのです。どうしてでしょうか」
と言って教材に対する興味を高め，範読した。

これで納得！

　教材に興味をもたせて出合わせることによって，子どもたちは問題意識をもって教材を読む。こうすることによって，この後考えさせたい部分に意識が向かい，深い思考を促すことにつながる。

範読した後，発問した。

❷ますだくんが怪獣みたいに見える理由がわかりましたか。

　子どもたちからは次のような理由が出された。
・ぶつぞってにらむから。
・いすをけるから。
・大きな声で「いけないんだあ」と言うから。
・えんぴつをおったから。
それぞれの理由を板書した後，発問した。

❸こんなことをしていたら，怪獣みたいに見えてもしかたないですね。

　「しかたない」という声もあがったが，「ちょっとかわいそう」という声も出てきたので，「どうしてかわいそうなの」と問い返すと，次のような考えが出された。
・ますだくんは正しいことをしていると思っているから。
・ボールなげを教えようと親切にさそってあげたから。
・教科書を見せてあげているから。

・ますだくんは，みほちゃんのことを考えてやっているのに，わかってもらえないから。

❹ますだくんは，自分が怪獣みたいに思われていることに気づいているのでしょうか。

「気づいている」と思えば○，「気づいていない」と思えば×を書くように指示した。

ほとんど子どもが「気づいていない」と考えていた。そこで，「気づいていない」と考えた理由を隣同士で話し合わせた後，発表させた。次のような考えが出された。

・みほちゃんが勝手に怪獣みたいと思っているだけだから，気づいていない。
・みほちゃんのためだと思ってやっているから，まさか怪獣みたいに思われているとは気づいていない。
・みほちゃんが思っていることはわからないから気づいていない。

❺怪獣みたいに思われないようにするために，ますだくんはどうしたらいいでしょうか。

子どもたちが考えやすいように，「ますだくんにアドバイスするとしたら，何と言ってあげますか」と付け加えた。

次のようなアドバイスが出された。

・いじわるしたくなっても，ちょっとがまんしてみよう。
・らんぼうなことばを使わないように気をつけよう。
・にらんだり，いすをけったりするとみほちゃんにきらわれるよ。

❻みほちゃんには，何と言ってあげますか。

みほちゃんにもますだくんについてわかってほしいことがあると気づかせるための発問である。次のような考えが出された。

・ますだくんは，本当はやさしいんだよ。
・ますだくんは，みほちゃんのことを考えてくれているよ。
・ますだくんは，みほちゃんに親切にして

くれているよ。
・みほちゃんもきらいなものを食べるようにがんばると，ますだくんも安心するよ。

ますだくんやみほちゃんに対するアドバイスを十分に出させた後，「あなたは怪獣みたいに思われたいですか」と問いかけた。ほとんどの子どもが「思われたくない」と反応した。そこで次の発問をした。

❼自分が怪獣みたいに思われないようにするには，どうしたらいいでしょうか。

自分の考えを書かせた後，グループで話し合わせた。グループでの話し合いをするときの進め方として，次のようなカードを提示した。

①一人ずつじゅんばんに自分の考えを発表する。
②よくわからないところがあったらしつもんする。
③出された考えのなかで，とてもいいなあと思ったものをグループでえらぶ。

グループで選ばれた考えは，小さなホワイトボードに書かせて発表させた。

次のような考えが出された。

A　やさしくする。
B　らんぼうなことばを使わない。
C　自分の気持ちをちゃんと伝える。
D　いじわるをしない。

ホワイトボードは黒板に提示して音読させ，各グループのアイデアを共有させるようにした。

これで納得!

ますだくんやみほちゃんへのアドバイスを十分考えさせたことが，自分のことを考えるときに生きてくる。教材から学んだことを自分の生活に生かせるように展開することが大切である。

最後に，今日の勉強でいちばん心に残ったことを書かせ，数名の子どもに発表させて授業を終えた。

●板書

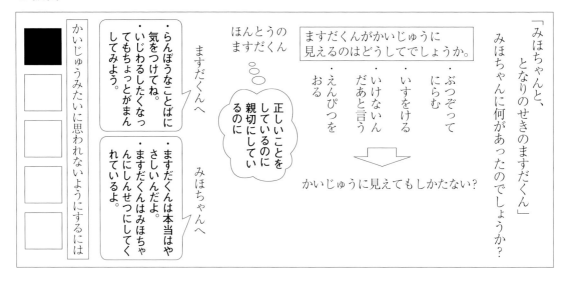

「みほちゃんと、となりのせきのますだくん」
みほちゃんに何があったのでしょうか？

ますだくんがかいじゅうに見えるのはどうしてでしょうか。

・ぶつぞって
　にらむ
・いすをける
・いけないんだあと言う
・えんぴつをおる

↓

かいじゅうに見えてもしかたない？

ほんとうのますだくん

正しいことをしているのに親切にしているのに

ますだくんへ
・らんぼうなことばに気をつけてね。
・いじわるしたくなってもちょっとがまんしてみよう。

みほちゃんへ
・ますだくんは本当はやさしいんだよ。
・ますだくんはみほちゃんにしんせつにしてくれているよ。

かいじゅうみたいに思われないようにするには

●絵本を発展的に活用する

　授業をした後（帰りの会や翌日の朝の会など）に，教材の原本である絵本『となりのせきのますだくん』（79ページに掲載）や『ますだくんの1ねんせい日記』の読み聞かせをする。子どもたちは興味津々で耳を傾ける。

　読み聞かせをした後，「2人について何か新しい発見がありましたか」と問いかけると，次のような発見が出される。

　・次の朝，校門でみほちゃんを待っていたますだくんが，「ごめんよ」といったので，ますだくんのいいところを発見することができた。

　このようにして教科書教材を発展させて絵本を楽しむと，より深い学びに導くことができる。読み聞かせた後は学級文庫に入れておくと，先を争って絵本を読む子どもたちの姿が見られる。

『ますだくんの1ねんせい日記』
武田美穂：作・絵（ポプラ社）

所見文例

◆ この授業で この言葉を ◆

　「友達となかよく」をテーマとした学習では，自分のちょっとした言葉や行動が相手を勘違いさせてしまうことに気づき，本当の自分をわかってもらえるような行動をしたいという意識が高まりました。（自己の生き方）

（愛知県　鈴木健二）

3. 目をさますたね

<関連する主な内容項目>　D　自然愛護

　内容項目「自然愛護」は，「自然のすばらしさや不思議さを感じ取り，自然や動植物を大切にすること。」［第３学年及び第４学年］と学習指導要領に記されています。各社の教科書には，さまざまな教材が掲載されています。けれども，自然の素晴らしさや不思議さを子どもたちに感じ取らせるかが大切である点では，同じです。

　授業では，教科書教材と「ツバメ」の事例を合わせて用います。そして，複数の教材の共通点から，どのようなことが感じ取れるかを問う授業を実施します。

教材
・「目をさますたね」平成30年度版『小学どうとく ゆたかな心 3年』光文書院
・「看板消灯ツバメのため」大分合同新聞　2019年6月7日

■ 自然の素晴らしさ・不思議さを感じ取らせる

　「自然は大切だ」ということは，３年生の子どもたちも知っています。教科書教材と新聞記事の事例から「自然ってすごい！」「こんなにかわいい命があるんだ」というような感動を，教室で味わわせたいものです。

　教科書教材「目をさますたね」の「大賀ハス」と新聞記事の「ツバメ」には，共に人間との関わりが示されています。「どうして大賀ハスは世界に広がったのか」「どうして看板を壊さなかったのか」。そこに共通する理由を考えていくと，自然の大切さが見えてくるはずです。

■ 身近な自然へ意識をつなぐ

　授業で考えた自然の素晴らしさ・不思議さは，身の回りにも少なからずあるはずです。この授業での学びをもとに，これからの生活のなかで，自然に対してどう考えて行動していきたいか，大いに思いを深めてほしいです。

　そのために，授業後は理科や総合的な学習の時間で，植物の栽培や生き物を育てる学習活動などと関連づけて，実践の場を意図的に設けて学習を発展させていきましょう。

指導目標

自然の中で生きている生き物の不思議さや健気さを感じ取り，自然をむやみに壊さず大切にしていこうとする心情を育てる。（道徳的心情）

準備するもの

・「目をさますたね」　※使用している各社教科書の「自然愛護」に関係する教材で可
・資料1（84ページに掲載）・資料2（85ページ掲載）（配付用）
・ワークシート（86ページに掲載）（配付用）

授業の実際

©共同通信社

「ローソン道後ハイカラ通店」の看板は，ツバメの巣を守るため「L」の文字だけ照明をつけていない＝5月，松山市

最初に，上の写真を提示し，
「写真を見て気づいたこと，思ったことは何ですか」と聞いた。子どもたちからは，
　・ローソンの看板だ。
　・なぜか「L」のところが消えている。
　・「L」のところに何かある。
というような反応があった。そこで，「L」のところの拡大写真を提示した。

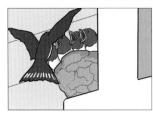

子どもたちからは，すぐに，
「なるほど！」
「ツバメの巣があったんだ」
という声が返ってきた。

ツバメが巣を作っていることがわかったの

で，資料1の内容を伝えた。

【資料1】

看板の照明が2年前に切れ，修理せずにいたら，昨年5月にツバメが巣を作った。修理の話が持ち上がったが，工事業者から「直すには巣をこわさないといけない」と言われたため，断った。
今年も5羽のヒナが育ち，無事にみんな巣立っていった。お店のオーナーの方は，来年も帰ってきてほしいので，看板はそのままにしておくとのことだった。

「看板消灯ツバメのため」大分合同新聞　2019年6月7日から授業者が作成

❶どうして店の看板を修理しないのでしょう。

子どもたちからは，
　・ツバメの命が大切だから。
　・ツバメは家を守ってくれる鳥だから。
という考えが出された。
「どうしてツバメが家を守ってくれるの？」と，その子どもに問うと，
「おばあちゃんがそう話してくれた」
という考えが出された。
この発問❶は，単に「看板の修理をしない➡ツバメを守る」という理由では考えが深まらないので，さらに，次のように聞いた。
「お店にとっては大切な看板のはずです。店の売り上げにも影響するかもしれないので，看板は修理した方がよいのではないですか」
子どもたちは，少し迷った様子だったが，次のような反応があった。
　・店は大事だけど，命があるものだから。
　・お客さんもわかってくれるから。
子どもたちは，看板が店にとって大切なものだということは納得したが，それでも全員が「ツバメのことを守った方がいい」という考えだった。
ここまでのことから，
「つまり，命あるものだから，誰もがツバメを大切に考えたんだね。お客さんも喜んで見守っているようです」
と，説明を加えた。

続けて，教科書教材「目をさますたね」から，「大賀ハス」の写真を提示した。

※各社の教科書に応じて，「自然愛護」の資料(写真)を提示するとよい。

子どもたちから 「ハスの花だ！」という声があがったので，
「どんなところに咲く花でしょう」とたずねると，
「池や水の多いところ」という返答があった。
「実は，このハスはとても珍しいんだよ」と話し，
「どんなところが珍しいかわかるかな」と問いかけたが，わからないようである。そこで，黒板に，

　　　□年間ねむった　たね

と書き，少し間をおき，□ には，「2000」の数字が入ることを教えた。

❷どうして2000年間も生き続けることができたのでしょう。

教科書の本文を読みながら，思ったことを発表させた。
・静かで周りから何もされなかったから。
・安全なところだったから。
などの考えが出た。そこで，次の説明をした。

【資料2】

植物のたねは，放っておいても芽は出ません。空気・水・温度の3つがそろわないといけないのです。そのためにたねはじっとねむりについて待っています。とちゅうで何かが変化するとたねは目をさまして芽を出すのです。しかし，野菜のたねでは，ねむり続けてもせいぜい6年くらいで死んでしまいます。だから，ハスのたねが2000年眠り続けたというのは，本当にすごい

ことです。今このハスは，世界中に株分けをして咲き続けているそうです。

種の発芽について授業者が作成

❸長い間じっと待って芽を出したこのたねをどう思いますか。

次のような発言があった。
・すごい力が小さなつぶの中に入っている。
・みんなでハスを大切に咲かせたことがすごい。
・とてもきれいに咲いているのが不思議。
発表を聞いた後，世界中に株分けをして大切にしている2000年間生き続けたハスと，看板を壊さずに守り続けるツバメの巣の写真を並べて，次のように発問した。

❹なぜ，このように大切にするのでしょう。

これで納得！

教科書教材の「自然愛護」に関する資料と「ツバメのため」の資料の共通点を考えさせることで，自然に対する感じ取り方を教室内で共有していく。

・命があるから。
・とても珍しいから。
「珍しいだけで，こんなに大切にするのかな」とたずねると，
「生き物には，すごい力があるとわかったから」
などの意見が出された。

❺生き物に対して，どんなことを考えて接していくのが大事でしょうか。

・乱暴にしないようにする。
・運よく生きられているからむやみに命をうばってはいけないと思った。
授業の締めくくりに，
「理科の授業でも生き物を育てていくけれど，一つ一つの命のことを考えて観察していきたいですね」
と語りかけ，感想を書かせて授業を終えた。

● **教材**　**看板消灯ツバメのため**　大分合同新聞　2019年6月7日 [共同通信]，一部改変

　　道後温泉（松山市）近くのコンビニ「ローソン道後ハイカラ通店」でツバメが看板に巣を作り，店側の優しい心遣いが話題になっている。巣は「LAWSON」の「L」の部分にあり，1文字だけ照明をつけていないため夜間は「AWSON」と見えてしまうが，店は「ツバメファースト」。ひなはこのほど巣立ち，店のオーナーは「寂しさもあるが，無事に巣立ってくれて安心した」と話す。

　　店のオーナーによると，看板の照明は2年前に切れ，修理せずにいたところ，昨年5月にツバメが巣を作った。修理の話が持ち上がったが，工事業者から「直すには巣を壊す必要がある」と言われたため，断ったという。

　　巣には5羽のひながいて，親鳥2羽が餌をやるため巣に舞い戻ってくると，大きな口を開けて餌をねだる姿が見られた。ツバメの巣は縁起が良いとされることもあって，店先では観光客らがカメラで撮影し「かわいい」と評判だった。

　　台湾から観光で道後温泉を訪れ，巣を見つけて家族で立ち止まった会社員は「台湾でもツバメの巣は縁起が良いと言われる。日本で見られて記念になったし，幸せだ」と喜んだ。

　　にぎわいを見せた店先の様子に「楽しんでもらえてうれしいが，騒ぎすぎるとひながおびえてしまうので優しく見守ってほしい」とツバメを気遣っていた店のオーナー。今後も巣は撤去せず，看板の照明もそのままにしておく予定だ。「来年も再来年も，店がある限り戻ってきてほしい」と笑顔で語った。

● **ワークシート**

題名（しぜんのふしぎ）	
看板に巣を作ったツバメ	2000年ねむりつづけたハスのたね
（どうしてこのように大切にするのでしょう）	
（生き物に対してどう接していきたいですか）	

※（　）内の言葉は，初めは空欄にして，授業の展開に合わせて記入させてください。

所見文例　◆ **この授業で この言葉を** ◆

　　「自然愛護」をテーマにした学習では，生き物の命の健気さや不思議さに気づき，これからも自然の大切に守っていきたいという思いを抱くことができました。（自己の生き方）

（大分県　田辺裕純）

4. 遠足の朝

<関連する主な内容項目>　　A　善悪の判断

　道徳の教科化は，2013年の教育再生実行会議で，「いじめ問題」について議論されたことがきっかけの一つになっています。そのため，各社の教科書には，必ず一つは「いじめ問題」に関係する教材が掲載されています。

　いじめには，四層構造（被害者・加害者・観衆・傍観者）があります。ならば，その一角を崩せば，解決への糸口が見えてくるはずです。本稿では，「いじめ問題」に関する教材の効果的な活用法について，「遠足の朝」をもとに紹介します。

教材
- **「遠足の朝」** 平成30年度版『小学どうとく　生きる力４』日本文教出版
- **いじめの四層構造** 出典：文部科学省ウェブサイト　「いじめ対応へのヒント」
  http://www.mext.go.jp/b_menu/shingi/chousa/shotou/040/shiryo/06120716/005.htm
- **いじめの構造（いじめの四層構造）** 森田洋司　1986年

一段上に **グレード UP!**

■ 分析的に読む

　まず，教材「遠足の朝」を分析的に読み，ストーリー，登場人物を確認します。その際，登場人物はこの後で詳しく見ていくことを伝えます。次に，挿絵からわかることも含めて，お話に出てきた人物について全員で話し合います。

　次に，「いじめの四層構造」の図を示し，その中へ人物名を書き込みます。子どもたちはいじめとは，どのような構造になっているのかを視覚的に知ることができます。

■ 一角を崩す

　いじめが起きているその構造がわかれば，その構造のどこか１カ所を壊していけば，解決の道へとつながっていくはずです。このような状況のとき，どう行動すべきなのか。子どもたちに正しい判断ができる力をつけていきましょう。

　いじめ問題を扱った道徳授業は，いじめが起きてからでは遅いのです。いじめのないクラスで実施するからこそ，意味があり，効果が期待できます。その点では，避難訓練と似ています。実際に火事や災害が起きてから訓練をしても遅いのです。事前の指導こそが必要です。

指導目標

いじめには四層構造があることを知り，いじめをなくすためにどう行動すべきなのか判断できる力を育てる。（道徳的判断力）

準備するもの

・「遠足の朝」 ※使用している各社教科書の「いじめ問題」に関係する教材で可
・「いじめの四層構造図」（提示用と配付用）ワークシート

授業の実際

教材「遠足の朝」への興味をもたせるために，まず，自分が遠足に行ったときのことを次の発問で想起させた。

❶遠足で楽しかったこと，心配だったことを発表しましょう。

この授業は，10月に実施した。そのため，9月に行った社会科見学のことが多く発表された。

・消防署の見学で，地震体験車に乗って，すごく揺れて驚いた。
・見学も楽しかったけど，お昼のお弁当を公園で食べておいしかったし，楽しかった。

楽しいことについての発言が続いたので，
「何か，心配だったことはなかった？」
と聞くと，
「バスで行ったので，バス酔いしないか心配だった」
という返答があった。教材に直接結びつく友達関係のことは出なかったが，無理に引っ張らずに教材の読み聞かせへと進んだ。

読み終えたところで，まず，ストーリーの確認をした。

❷どんな話ですか。「いつ・どこで・どうした話」というふうに，簡単にまとめてみましょう。

ここは，話の概略がわかればよい。子ども

たちと話し合いながら，次のように黒板にまとめた。

①いつ　　遠足の前の日〜当日の朝
②どこで　教室
③どうした　グループからのけものにされた女の子がいたが，ほかの友だちが声をかけてくれた。

次に，登場人物について確認した。

❸誰が出てきましたか。

一人称（わたしが話主）で書かれた文章なので，
「まず，この話を進めている『わたし』が出てきましたね」
と言い，「①わたし」と板書した。この後は，子どもたちの発言をもとにして，黒板に次のようにまとめた。

【登場人物】
①わたし
②ゆき，あやか，ちか，やすよ
③なおみ
④こと，れな
⑤クラスの男子
⑥先生

登場人物が複数いる場合は，教師がそれぞれの人物がどのグループに入るのかを把握しておき，順不同に出された子どもたちの意見（人物名）を黒板に整理していく。

これで納得！

内容（たとえば，登場人物）を詳しく分析すると，「それは国語的だ」と批判されることがある。しかし，考えるためには，まず知らなければならない。道徳の授業でも，必要に応じて，教材をじっくり読むことが大切である。

「つまり，この話は簡単に言うと，どんな話なの？」

と子どもたちに聞いてみた。すると，

「同じクラスの子たちがグループをつくって，一人の子を仲間外れにしていじめた話」という答えが返ってきた。この返答を受けて，黒板に「いじめ」と書いた。

ここまでが，主に教科書教材を使った展開である。他社の教材を使った場合でも，話の概略と登場人物を確認し，いじめ問題を扱った教材であることを意識づける。そして，次の展開へとつなげる。

「では，この図を見てください」と言って，「いじめの四つの構造図」を拡大コピーして提示した。

子どもたちには，この図を入れたワークシートを配った。登場人物の名前を書き込むため，四層の円の中には，「いじめられている」「いじめている」「おもしろがって見ている」「見て見ぬふりをする」だけを入れて，「被害者」などの漢字は削除して作成した。

❹図の中に，登場人物の名前を書きましょう。

質問があれば，どの部分にも当てはまらない人物もいることを伝える。たとえば，⑤クラスの男子や⑥先生は，図の外側になる。

画用紙などに四層構造図を描き，グループで話し合いながら進めることもできる。

ほぼ全員が書き終えたら，次の発問をする。

❺図に登場人物の名前を書いてみて，どんなことに気づきましたか。

・いじめは，すごく複雑なイメージだったけど，こうして図をかいてみると，実は同じことが原因になっていると思った。

この意見について，もう少し詳しく聞いてみたところ，

・いじめには，いじめる人がいて，いじめられている人がいる。それと，周りに必ず別の人がいるということ。

という説明があった。その後，数名の意見を聞いた後，次のようにたずねた。

❻この話で「よかったこと」と「これからしなければならないこと」は何でしょうか。

よかったこと

・最初，なおみが寂しそうだったけど，「わたし」やこと，れなが声をかけてくれたので，楽しく遠足に行けた。

・意地悪な人もいるけれど，優しい人もいる。

これからしなければならないこと

・遠足には楽しく行けたけれど，まだ，いじめが解決したわけではないこと。

・いじめのグループ（ゆきたち）の心をきれいにしなければならない。

意見が出つくしたら，再び「いじめの四層構造図」に注目させた。

「いじめには，四層構造があるんだから，このどれかを崩せばいいということだよね」と話すと，多くの子がうなずいた。

❼この図（四層構造）のどの部分を崩せば，この問題は解決できそうですか。

子どもたちからは，「いじめている子がいちばん悪いのだから，二層目（加害者）の子たちを先生にも親にも話して反省させるべきだ」という意見が出された。

一方で，「いじめている子は，それが悪いとわかっていてやっているのだから，そう簡単には直らない。四層目（傍観者）の数が多いのだから，力を合わせて何とかすべきだ」という意見も出された。

これで納得！

いじめの構造を理解し，そのなかに教材の人物を当てはめ，視覚的に整理する。どの部分を崩せば解決に向かうのかを具体的なイメージをもって話し合うことで，実生活に生きて働く力となる。

❽いじめをなくすために，あなた（自分）は，どんなことができますか。

自分の考えをノート（またはワークシート）に書く。その後，発表させ，キーワードで黒板にまとめて授業を終えた。

●**教材** いじめの四層構造　文部科学省ウェブサイト　「いじめ対応へのヒント」
http://www.mext.go.jp/b_menu/shingi/chousa/shotou/040/shiryo/06120716/005.htm
いじめの構造（いじめの四層構造）森田洋司

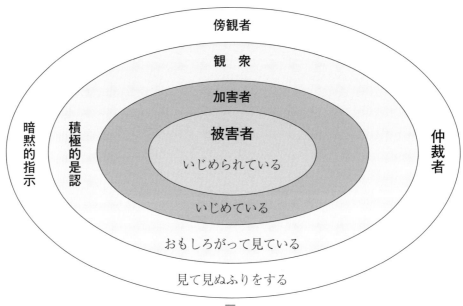

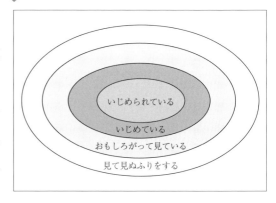

　上の四層構造図をそのまま使うのは難解なので，授業では簡略化した右図を用いる。これを黒板提示用に拡大したものと，ワークシートに入れたものを準備する。

　なお，「心のベンチ　なくそう！いじめ」（平成30年度版『小学どうとく　生きる力４』日本文教出版）にも，「いじめの四層構造」の図や役立つ資料は掲載されている。

所見文例

◆ この授業で この言葉を ◆

　「いじめ問題」を題材にした学習では，いじめには４つの構造があることを理解し，いじめを見ている周り人たちが勇気をもって行動することが大切だという意見を堂々と発表しました。（多面的・多角的な考え方）

（山形県　佐藤幸司）

5.絵地図の思い出
～良さを見つけ，それを生かそう～

<関連する主な内容項目>　B　友情，信頼

友達の良さを見つけたことはありますか。そして，見つけた良さを互いのために生かしたことはありますか。教科書教材「絵地図の思い出」では，友達の良さを見つけ，それを生かすことの大切さを学びます。また，テレビ番組「アンビリーバボー ～アメフト少年の夢★友情が巻き起こした奇跡～」では，主人公の少年の良さを見つけ，それを生かすための方法を真剣に考えます。

互いの良さを生かす視点が広がれば，自分も友達も共に成長し，友情を深めることができるのです。

教材
- 「絵地図の思い出」 平成30年度版『道徳 5　きみがいちばんひかるとき』光村図書
- 「アンビリーバボー ～アメフト少年の夢★友情が巻き起こした奇跡～」（フジテレビ）

イラスト：YAB

一段上に

■ 授業での成長を実感させる

　友達の良さを見つけても，それを生かそうとする言動は，なかなか日常では見られません。授業では，「みなさんは友達の良さを生かしたことはありますか」という同じ発問を，授業の前半と後半にします。前半では，なかなかうまく考えられなかった子どもたちが，2つの教材を通して後半では考えられるようになっていきます。1時間で成長した姿を実感することができ，それが子どもたちの実践への意欲につながっていきます。

■ 日常生活へのつなぎ

　「良さを見つけて，それを生かす」という視点を日常に生かすために，授業では「キラリン大作戦」を最後に取り入れます。実際に隣の席の友達の良さを見つけて生かす方法を考えることで，授業で学んだ内容を日常生活へとつないでいきます。

　友達の良さを見つけて，その良さを生かしていくことで，信頼関係が強くなり，友情がますます深まっていきます。

指導目標

友達の良さを見つけ，それを生かす方法を考えることを通して，共に学び合って友情を深めていこうとする意欲をもたせる。
（道徳的実践意欲）

準備するもの

・「絵地図の思い出」 ※使用している各社教科書の「友情，信頼」に関係する教材で可
・「アンビリーバボー ～アメフト少年の夢★友情が巻き起こした奇跡～」
・良いところシート（94ページ掲載）（配付用）

授業の実際

本時の1週間前のショートホームルームで書いた「良いところシート」を持たせた状態で，授業を始める。

❶先週，クラスの仲間の「良いところシート」を書きましたね。どんな良いところを見つけましたか。

学級のほとんどの子どもたちが挙手をしたので，指名したところ
・○○さんは，明るくて元気だよ。
・○○さんは，サッカーがとても上手。
・○○さんは，折り紙が上手。
という発表があった。全員は指名できないので，数人指名した後は，隣の席の子と伝え合うようにした。

❷みなさんは友達の良さを生かしたことはありますか。

子どもたちからは，
・意味がわからない。
・良さを生かすってどういうこと？
という声が聞こえた。
子どもたちの反応は，発問❶のときとはまったく異なり，なかなか言葉が出てこない。ここでは，あえて難解な問いかけをして，「友達の良さを生かすとはどういうことか知りた

い」という意欲につなげる。
「良さを生かすってどういうことかわからないですよね。それでは，良さを生かすことがわかるお話を読んでみましょう」
と言って，「絵地図の思い出」を範読する。次のような話である。

> 遠足に向けてしおり係になった「私」は，絵地図を上手に描けずに悩んでいた。絵を描くのが上手な正志にお願いしたいのだが，なかなか言い出せない。勇気をもってお願いすると，正志は快く引き受けてくれて，素晴らしい絵地図が完成した。

❸このお話で，友達の良さが生きていた場面はありましたか。

子どもたちからは，
・正志さんの絵の上手さが都さんによって輝いた。
・都さんは，正志さんが絵を上手なことを知っていたけれど，絵地図を描くお願いをするか迷っていた。お願いしなかったら正志さんの良さが輝かなかった。
という発表があった。ここで，
「良さを見つけただけでは，その人を輝かせたことにはなりませんね。輝かせるためには何が必要なのでしょうか」
とたずねた。すると，
「良さを見つけるだけではなく，もう一歩踏み込んで，良さが生かされる場をつくることが大切だと思います」
という考えが出された。答えた子どもに
「良さを見つけて，良さが生かされる場をつくる作戦に名前をつけるとしたらなんて名前をつけますか」
とたずねたところ，
「良さを見つけて，それを輝かせるから，『良さ見つけキラリン大作戦』はどうかな」
という発表があり，学級全体で拍手が起きた。

これで納得！

教材中に示されている道徳的諸価値に，子どもたちが親しみやすく，身近に考えられるような名前をつけてみる。

このことが，今後の日常での実践につながっていく。

　ここまでが教科書教材を使った展開である。ほかの教材を使った場合でも，「良さを見つける」だけでなく，「見つけた良さを生かす」という視点をもたせ，次の展開へとつなげる。
　「これからある物語をお話しします。内容は，ある高校のアメフト部のお話です。主人公のマシュー君は運動神経が悪く，仲間と同じようなプレーができません。しかも，仲間から部をやめてほしいと思われています。マシュー君は，本当に良いところがないのでしょうか」と言い，次の物語を話した。

〈物語〉サンタモニカ高校のアメフト部に，身長157cmと小柄なマシュー君が入部しました。ほかの生徒より運動能力が劣り，一緒に走っても仲間から置いていかれたり，ひ弱なためタックル練習に参加させてもらえなかったりしました。仲間はマシュー君の退部を望んでいました。
　しかしマシュー君は試合に出ることを諦めませんでした。まともに練習についていけないなか，練習中にボールが遠くに行ってしまい誰も拾いに行かなかったのを取りに行ったり，全体練習が終わっても一人で走り続けたり，仲間が喧嘩した際は勇気をもって仲裁に入ったり，前向きに努力をし続けました。

授業者が物語の概略を作成

---

❹マシュー君と同じチームだったら，みんなはどうしますか？

　子どもたちには，ワークシートに自分の考えを書かせた後に，全体で交流した。子どもたちからは，次のような意見が出された。
・マシュー君は最後まで諦めないという気持ちをもっているので，みんなを前向きにしてくれる。だからキャプテンになってほしい。
・マシュー君はけんかを止める勇気をもっている。だから，ぼくはマシュー君の良

さをみんなに伝えて見習ってほしい。

❺発問❷と同じ質問をします。みなさんは友達の良さを生かしたことはありますか。

　ここでは，発問❷のときとは異なり，たくさんの手が挙がった。
・前に体育でやったバスケットボールで，〇〇さんのシュートがとても上手だったから，シュートが入る秘けつを教えてもらえばよかった。
・折り紙が得意な子に，お楽しみ会の景品づくりをお願いしたことがあって，あれって生かしたことに入るかも。

これで納得！

　同じ質問をすることで，授業前半には答えられなかったことが，授業後半で答えられるようになったことを実感させたい。道徳の授業では成長を感じさせることが大切である。

---

❻「キラリン大作戦」の第一歩として，隣の人の良さを見つけ，生かす方法を考えてみましょう。

　隣の席同士で向かい合って，まずは良いところを言い合った。その後，その良さを生かすためにできることを考え，発表の時間をとった。
・漢字テストがいつも100点だから，漢字の覚え方を教えてもらおう。
・いつもみんなを笑わせてくれるから，朝の会にでもお笑いをやってほしいな。
・悩み事の話を聞いてくれるから〇〇さんの相談室というコーナーをつくってほしい。
　友達が自分の良さを見つけ，生かす方法を考えてくれることが，学級みんなの笑顔につながっていた。
　「みなさん一人一人に良さがあります。その良さを輝かせるためには，努力が必要です。自分自身が輝くことはもちろん，周りにいる友達を輝かせることができる人になってほしいと思います」
と話して，授業を終えた。

●良いところシートの作り方

　　授業実施の１週間前に，お互いの良いところ探しを朝の時間を活用して行った。

（良いところ探しの手順）

①名前と出席番号だけが書かれている，記入用名簿を全員に配付し，いちばん上の余白の部分に自分の名前を書く。

②「せーの」の合図で違う人に名簿を回す。

③回ってきた記入用名簿のいちばん上の余白の部分に名前が書かれている人の良いところを，自分の出席番号の欄に書く。

④これ（②と③）をクラスの人数分繰り返す。

⑤みんなが良いところを書いてくれた記入用名簿（良いところシート）が自分のところに戻ってくる。

　　※この活動に取り組んだねらいは，次の２点である。

　　　(1)友達の良さを見ようとする意識をもたせるため。そして，自分の良さを友達がこんなふうに見ていてくれるという自尊感情を高めるため。

　　　(2)良いところシートに同じようなことが書かれているのは，自分の良さの一部しか周りは見ていないことに気づかせるため。書きづらかった子がいたということは，その子を普段見ていないと気づかせるため。

●授業後の日常の変化

　　年度始めの４月から。席替えの前に，班の仲間にありがとうの言葉を送る活動を続けている。９月の授業後には，書かれている内容に変化が見られた。

　　４月は，抽象的な言葉が多かったが，９月の授業後には，「キラリン大作戦」を意識して，「次の班でも～してね」という言葉が入っていた。

　　友達の良さを見つけ，それを生かそうとする意識の高まりが見られた。

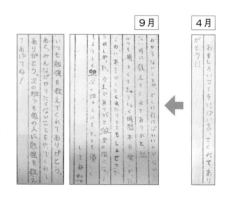

| 所見文例 | ◆ **この授業で この言葉を** ◆ |

　　「友達の良さを見つけて，それを生かす」をテーマにした学習では，隣の席の子の良さに気づき，見つけた良さを学級での活動に具体的に生かす方法を考えました。お互いの良さを認め合って，より良い友達関係を築いていこうとする思いをもつことができました。（自己の生き方）

（神奈川県　野呂公人）

6. 大みそかの朝に

＜関連する主な内容項目＞　C　伝統と文化の尊重，国や郷土を愛する態度

　お正月の家族の食といえば「おせち料理」です。和食は子どもたちにも身近なものですが，おせち料理に入っている料理は，普段の料理とはちょっと違います。授業を通して，おせち料理に込められた願いや意味について気づかせます。そして古くからどのような思いが現代まで受け継がれ，大切にされてきたのかを考え，これからも引き継いでいこうとする思いをもたせます。

教材
・おせち料理の重箱の写真
・おせち料理に入っている料理の写真

一段上に

■ 子どもにとってのおせち料理の願いを考える

　おせち料理は，古くから伝わる伝統的な食文化です。それぞれの料理に込められた願いに気づいた上で，今の子どもたちの願いに合った料理を考えさせます。

　もしかすると「こんな願いが込められた料理が入っていたらいいな」と考えたものと同じ願いの込められた料理が，すでにおせち料理の中に存在するかもしれません。

■ 冬休みには，伝統文化に目を向けて

　12月，冬休みに入る前に授業を行います。冬休み中は，お正月を中心に日本の伝統文化に触れる機会の多い時期です。授業の最後は，冬休み中の日本の伝統文化に意識を向けさせます。

　最近は，お正月だからといっておせち料理を食べる家庭も少なくなっています。たとえ家庭でおせち料理を食べなくても，授業をきっかけにテレビやショッピングセンターなどで気づくことによって日本の食文化が社会に根づいていることに気づかせます。

指導目標

おせち料理に込められた思いを理解し，日本の伝統文化を引き継ぎ，大切にしていこうとする心情を育てる。（道徳的心情）

準備するもの

・「大みそかの朝に」124〜127ページ（平成30年度版『みんなの道徳6年』学研）を使用
※他社の教科書を使用している場合は，「重箱入りのおせち料理の写真」や，一つ一つのおせち料理の写真を示すことで授業可能。

授業の実際

「大晦日」と大きく黒板に書いた。
「おおみそか！」と読めた子がいた。その月の最後の日を「晦日（みそか）」と呼び，最後の月の最後の日を「大晦日（おおみそか）」と呼んだことを説明した。また，「三十日」と書いて「みそか」と読むことも教えた。旧暦の月の最後が30日だったことが由来である。

❶大みそかと聞いて，どんなことをイメージしますか？

・今年も終わりだなあ。
・紅白歌合戦がある。
・ほかにもおもしろいテレビ番組があるよ。
・いよいよ新しい年が始まるぞ。

「何か大みそかの思い出がありますか？」と意見を言った子に問い返し，「大掃除をした」「正月の準備をした」など，その子なりの経験を語らせた。
「大みそかの朝は何をしている？」
・テレビ見ている。
・掃除をしている。
・勉強をしている。

子ども自身が何をしているかについての意見が大半であった。

❷今日は「大みそかの朝に」というお話です。朝に何があったのでしょうか。

・冬休みの宿題をしていなくて怒られた。
・家族で一緒にお掃除をした。
・いよいよ今年も終わりだねって話をした。
・正月の準備をした。

「どうしてそう思ったの？」と問いかけながら子どもの経験を語ってもらった。それぞれの家庭でさまざまな過ごし方が見えてくる。

これで納得！

資料の導入の際にタイトルだけ示し，どんなお話なのかを考えさせる場面を意図的につくる。大みそかの自分の経験を語ることで，その後の資料について自分事として考えることができる。

ここで教科書124ページに掲載されている「大みそかの朝に」を開かせた。この資料は，大みそかの朝，おせち料理をつくっているお母さんが，主人公（ぼく）に，おせち料理の一つ一つに意味があることを伝える話で，和食のよさについてマンガで説明している。これを教師が読み聞かせた。

❸このお話を読んで，どんなことが心に残りましたか。

・正月食べていたおせち料理にはいろんな意味があることを初めて知りました。
・いただきますっていう感謝の言葉が心に残りました。
・味だけじゃなくて，見た目も工夫していることがいいなあと思いました。

ここまでが教科書の資料を使った授業の展開である。

教科書の資料がなくても，次のように，おせち料理の一つ一つの料理の意味について，クイズ形式でどんどん発言させていくことで授業を進めていくことができる。その際には，料理の写真を黒板に掲示していくとよい。

教科書には，以下の料理と意味が示されている。

・かまぼこ…紅白に並べてお祝いを表す。
・黒豆…まめに働くように。健康を願う。
・こぶ巻き…「よろこぶ」から縁起がよい。
・鯛…「めでたい」からお祝いの日に。

　ちなみにおせち料理を重箱に詰めるのは，めでたいことが重なりますようにとの願いがある。

❹おせち料理には，もっとたくさんの料理が入っていますね。いったいどんな意味があるのか考えてみましょう。

　代表的なおせち料理に入っている料理や食材として以下のようなものがある（98ページに4つほど意味と共に紹介してある。必要に応じてインターネットで調べるとよい）。

・黒豆	・数の子
・田作り（ごまめ）	・紅白かまぼこ
・えび	・栗きんとん
・伊達巻	・ぶりの焼き物
・鯛の焼き物	・うなぎ
・紅白なます	・昆布巻き
・手綱こんにゃく	・たけのこ
・にんじん	など

❺おせち料理の中でこれを食べてみたいというものがありましたか。

- ・栗きんとんが食べてみたいです。お金持ちになりたいからです。
- ・伊達巻が食べてみたいです。勉強ができるようになりたいからです。
- ・黒豆が食べてみたいです。健康になりたいからです。

　最近はおせち料理を食べたことのない子どもも増えてきている。ここで「食べてみたい」という気持ちをもたせたい。そして，その理由を聞くことが，次の❻の発問につながる。

❻おせち料理の中に，こんな願いが込められている料理があったらいいなと思うものがありますか。そんなおせち料理を考えてみましょう。

　A4サイズの紙を配り，自分なりの料理を考えさた。
　「こんなおせち料理があったらいいな」という今の時代や子どもたちにふさわしい願いのこもったおせち料理について考えさせた。

　書く内容は，願いだけでもよいが，願いと一緒に料理を紙に書いてもよいことを伝えた。

> ### これで納得!
> 　道徳の授業では，自分自身を省みることが大切である。書くことを通して自分だったらと考え，これからの生活について考えを深めることになる。

　子どもたちからは次のような願いのこもったおせち料理が出てきた。

- ・恋の願いがかなう料理があったらいいと思います。赤い糸こんにゃくでハートに結んであるような料理です。
- ・サッカーが上手になるような願いのある料理です。サッカーボールのようなだんごのようなものが入っているといいです。
- ・足が速くなるような願いがこもった料理です。イノシシの肉とか足の速い動物の肉が入っていたらいいなと思いました。

　「もしかすると，みなさんと同じ願いの料理がすでにおせち料理の中に入っているかもしれませんよ。ぜひおうちの人に聞いたり，調べてみてください」

❼これから冬休みです。冬休みにはおせち料理だけではなく，古くから伝わる行事や様子などがいろいろあるはずです。どんなことが思い浮かびますか。

　子どもたちからは，
- ・初詣
- ・書き初め
- ・門松

などの発言があった。
　「冬休みには，古くから日本で大切にされているものがたくさんあるはずです。ぜひそうしたものを見つけて，どうして長く大切にされているのか，その意味について考えてくださいね」
　と話をして授業を終えた。

●おせち料理　料理の由来

えび
　腰が曲がるまで長寿でいられるようにとの願いがある。

栗きんとん
　栗は「勝ち栗」から縁起がよく，金団と書くことから黄金色に輝く財宝を意味する。

伊達巻
　形が巻物に似ているため，知識が増えるようにという願いがある。

数の子
　卵の数が多いことから，子孫繁栄の願いがある。

●参考

　『とっておきの道徳授業13』「第3章の1. 和食」69〜72ページに同じ内容項目の授業として，和食が無形文化遺産になった話や祝箸についての話が掲載されている。

所見文例

◆ この授業で この言葉を ◆

　「日本の食文化」を考える学習では，おせち料理に健康や幸せになるための願いが込められていることに気づき，生活のなかにある日本の伝統文化を大切にしていこうとする思いをもちました。（道徳的諸価値の理解）

（島根県　広山隆行）

納得！ 教科書教材の活用法

こんな工夫が
あれば,教科書を
使った授業が楽
しくなるんだね。

1. うまれたての　いのち
2. みほちゃんと, となりのせきのますだくん
3. 目をさますたね
4. 遠足の朝
5. 絵地図の思い出
6. 大みそかの朝に

　初の検定教科書となった平成30年度版の教科書が２年間の役目を終え，令和２年度からは，第２期となる新教科書が使われます。内容については，各社とも改善が図られ，新しい教材もいくつか登場しています。

　与えられた教材を，教師用指導書に示された「展開例」通りに使えば，一応の授業は実施できます。けれども，それだけでは，授業の質的転換は期待できません。ここでは，教科書教材を使った授業の魅力が，さらにアップする活用法を紹介します。

1. うまれたての　いのち

　命なくして道徳はない。自他の命を大切にできる子どもを育てることは，私たち教師の最も大切な仕事である。１年生の子どもたちも，これまでの経験（わずか，７年ほどの人生経験だが）から，命が大切であることは知っている。その既知の内容を前半の教科書教材「うまれたての　いのち」を使った展開で確認する。

　後半は，一休禅師の言葉を提示する。子どもたちは，命の大切さを自分の家族との関わりのなかで，実感を伴って考えるようになる。

2. みほちゃんと, となりのせきのますだくん

　絵本の教材化のよさは，「お説教っぽさ」がないことである。かつては，絵本を道徳授業で扱うことを批判する声が多かったが，今では，絵本が低学年向けの優れた道徳教材として多くの教科書に掲載されるようになった。

　授業は，絵本の挿絵の提示から始まる。具合がよくなさそうな女の子（みほ）の様子に，子どもたちは，心配な気持ちになる。そして，ますだくんの登場へと続く。学びに向かう子どもたちの真剣なまなざしが目に浮かんできそうである。

『となりのせきのますだくん』
武田美穂：作・絵（ポプラ社）

3. 目をさますたねね

　道徳授業では，前半で教科書教材などが使われ，後半（または終末）で，身近な例を考える場合が多い。しかし，この授業は，逆の流れで展開される。すなわち，「コンビニのツバメの巣」➡「目をさますたね」という流れである。

　この順序性により，子どもたちの意識が，2つの事例の共通する要素へと向かっていく。そこに，主教材・補助教材の区別はない。根底にある自然を大切に思う心は同じである。

©共同通信社

4. 遠足の朝

　いじめには，四層構造がある。だから，その一角を崩していけば，いじめの構造が破壊され，問題解決の糸口になる。いじめ問題を解決するための具体的方策を含んだ行動化を目的とした授業である。

　どの教科書にも掲載されている「いじめ問題の教材」に，いじめの四層構造の図をもち込む。別資料としてではなく，教科書教材の中に組み入れて考える。登場人物の言動を客観的に分析していくことで，いじめ撲滅のためのシミュレーション学習が可能になる。

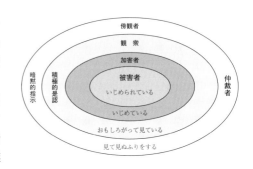

5. 絵地図の思い出

　授業では，
「みなさんは，友達の良さを生かしたことはありますか」という発問が繰り返される。1週間前には，クラスの仲間の「良いところシート」への記入を行い，本時への伏線が敷かれている。ここに，授業者の学級づくりを見据えた強い意図が表れる。

　終末では，道徳での学びを実生活につなげる「キラリン大作戦」の活動を行う。道徳的実践の場を計画的に位置づけ，行動化までをめざした意欲的な指導である。

イラスト：YAB

6. 大みそかの朝に

　わが国の伝統や文化を，おせち料理を題材として学ぶ授業である。古くから受け継がれてきたのが，伝統や文化である。学習者の視点は，当然，現在から過去へと向けられる。

　ところが，授業者は，「こんなおせち料理があったらいいな」という，今の時代や子どもたちにふさわしい願いのこもったおせち料理について考えさせている。これは，ユニークだ。伝統や文化のよさを受け継ぎながら，そこに，新しい感性が付加されていく。不易流行の精神が，ここに宿る。

（編著者　佐藤幸司）

第5章

斬新！道徳授業の
ニューバージョン

実　践　編

第5章

斬新！ 道徳授業の
ニューバージョン

第5章の内容

1. 暮らしを支える消費税

<関連する主な内容項目> C 公共の精神

2019年は元号が変わるなど，わが国で大きな出来事がいくつかありました。

消費税率の引き上げもその一つです。税金というと，働いている大人が払うというイメージがありますが，子どもたちも税金を払っています。消費税は，買い物をすれば，誰でも（子どもでも）支払っているからです。

道徳授業で扱う現代的な課題の一つに，主権者教育があります。消費税を題材にして，主権者として社会のなかで自立していく生き方について学ぶ授業です。

教材
- **「消費税が必要な理由」** 「ニュースde道徳」2019年10月9日 読売新聞
  佐藤幸司：監修・国税庁ウェブサイトの資料を参考に授業者が作成
- **「少子・高齢化のグラフ」** 国税庁ウェブサイト
- **「日本と外国の税を比べると？」** 国税庁ウェブサイト

一段上に

■ 主権者意識を育てる

主権者教育は，新学習指導要領の重点項目の一つに挙げられています。いちばん関連してくる教科は社会科ですが，道徳科でもいくつかの内容項目に関連づけて指導することができます。文科省の解説「特別の教科 道徳編」にも，「現代的な課題の扱い」のページに主権者教育の必要性が示されています。

「教育基本法」第一条「教育の目的」に示されている「平和的な国家及び社会の形成者」を育てるためには，小学生のうちから，主権者意識をもたせていくことが大切です。今回の消費税率アップは，わが国の将来や民主主義を考える良質の教材になります。

■ 租税教室や社会科の学習と関連づけて

昨今，税務署職員による「租税教室」（出前授業）が積極的に実施されています。また，6年生の社会科では政治の単元で，国会の仕組みや税制について学びます。この授業は，それらの学習と関連づけて実施すると，より効果的です。

学習内容をその時間だけで完結させずに，他教科・領域とつなげ，広げていきましょう。そうすることで，道徳での学びが，実生活での生きて働く力となっていきます。

指導目標

　消費税率が10％に引き上げられた事案をもとに，社会参画の意義を理解し，よりよい社会をつくろうとする態度を育てる。（道徳的態度）

準備するもの

・消費増税を伝える新聞記事やスーパーマーケットなどの広告（提示用）
・教材2（106ページに掲載）（提示用）
・外国の消費税率を示すグラフ（105ページに掲載）（提示用）

授業の実際

　2019年12月に，6年生に実施した。
　最初に，「消費増税前がお得」「ポイント還元」などの文字が載った広告を提示する。

❶広告（チラシ）を見て，気づいたことを発表しましょう。

　列指名でテンポよく発言させていく。黒板に広告を張り，子どもたちから出された意見は，その周りにキーワードで板書した。
　※キーワードは，太文字の部分
・**消費税が上がる前に**たくさん売るための広告。
・どうせ同じものを買うなら，**安いうちに買った方が得**だ。
・消費税が上がっても，**安く売っていますよ**，ということを伝えている。
・チラシを見ると，何だか**買い物に行きたく**なる。

　2列（10名）が発言を終えたら，一旦止め，ほかに意見はないかを確かめた。2019年10月1日付の新聞から，「消費税10％に」の見出しを提示して，黒板に，

2019年10月1日
　消費税　8％　➡　10％

と書いた。

❷税にはほかに（消費税以外），どのようなものがありますか。

　子どもたちは，先月，税務署職員による「租税教室」を受けている。その学習を想起させたところ，
・給料などをもらうと払うお金（所得税）
・会社などが払うお金（法人税）
・車に乗る人が払う税金
・お酒やタバコを買う大人が払う税金
など，さまざまな税金が出された。これらの税に対して，消費税は，買い物をするすべての人が払うので，国として安定した収入が見込めることを伝えた。

❸消費税が必要なのは，なぜでしょうか。

　子どもたちからは，
・学校とか公民館などが古くなってきて，建て替えをするので，お金（税金）がますます必要になってくる。
・高齢化でお年寄りが増えるので，病院や薬代などで，必要な税金が増える。
という発表があった。5〜6名の意見を聞いた後，教材1「消費税が必要な理由」を読み聞かせた。
　「お年寄りの数が増えて，子どもの数が少なくなることを何と言いますか」
と聞くと，「少子・高齢化」という返答があった。ここで，教材2を提示。2000年と2050年では，こんなに年齢の構成が違ってきて，さらに少子・高齢化が進むことを話した。
　黒板に次のように書き，消費税が必要な理由を2点にまとめた。

①日本にお金が足りない➡借金（公債金）
②少子・高齢化

　日本では，1989年に3％の消費税が導入され，97年に5％に，2014年に8％に上がっている。そのことを話した後，外国の消費税についてたずねた。

❹外国にも，消費税はあるでしょうか。

　多くの子が，「ある」と答えた。
　「何％くらいだと思いますか。日本の10％

よりも，多い？ 少ない？ それとも，同じくらいかな？」
と話し，次のグラフを見せた。

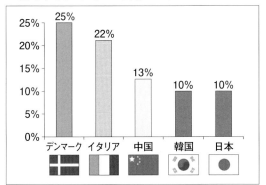

国税庁ウェブサイト「税の学習コーナー」
https://www.nta.go.jp/taxes/kids/index.htm
→「学習・入門編」→「日本と外国の税を比べると？」

　子どもたちは，デンマークの数値を見て，
「25％って，高いよね」
と驚いた様子であった。そこで，
「消費税率の高い国は，その分医療費や教育費が無料になっています」
と話した。

ここが斬新！

　消費税は，日本だけでなく世界各国で導入されている。しかし，税率は，それぞれ異なる。税率が高い国は，その分，社会制度が充実している。視点を世界に広げ，消費税率は使われ方が大きな問題であることに気づかせる。

❺消費税やそのほかの税金をどう使えばよいでしょうか。

　子どもたちからは，まず，お年寄りや体が不自由な方に対する考えが出された。
・高齢化でお年寄りが増えるので，病院とか施設をまず整備すればいい。
・体が不自由な人もいるので，バリアフリーのまちづくりを進める。
　学校に関係のある発表もあった。
・古くなっている学校もあるので，新しく建て替える。
・パソコンやタブレットなどの勉強道具をそろえる。

「市全体のことを考えると，どうかな」
と問うと，
・最近，空き家が増えているので，誰も住んでいないのなら壊してきれいにする。
・みんなが健康で楽しめるように，公園やスポーツ施設があるといい。
という考えが出された。

❻これらは，どんな言葉でまとめられますか。

　黒板に，

　　税金は，〔　　　　　　〕のために使う。

と書き，当てはまる言葉を考えさせた。
　子どもたちからは，
「みんな・世の中・社会・人々・幸せ」
という言葉が出された。

❼消費税は，どこで決められたのでしょうか。

　消費税は，「消費税法」という法律で決められていることを伝えた。社会科の政治の学習を想起させたところ，
「法律は，国会でつくられます。だから，消費税も国会で決められたのだと思います」
という発言があった。
　国会に参加するのは，選挙で選ばれた国会議員であることを確認し，次のように聞いた。

❽選挙権は，何歳から与えられますか。

　2016年に法改正があり，18歳以上に選挙権が与えられることになった。6年生も，6年後には有権者になる。しかし，10代の投票率は低迷していることを伝えた。

❾6年後には有権者になる自分を意識して，今日の勉強で考えたことを書きましょう。

　文章の中に，必ず「消費税」「選挙」の2つの言葉を入れることを指示した（少しの制約があった方が書きやすい）。
　書き終えた子から席を立ち，互いのノートを見せ合い，考えの交流を行った。

●教材1「消費税が必要な理由」

「ニュースde道徳」2019年10月9日　読売新聞　佐藤幸司：監修，国税庁ウェブサイトの資料を参考に授業者が作成

　　今回，消費税を上げた理由は，日本にお金が足りないからです。国に入ってくるお金の約6割は税金です。しかし，国がやらなければならない仕事が多いため，残りのうち約4割は「公債金」という借金で補っています。借りたお金は，税金を使って返しています。公債金は 年々増え，令和元年度では，返さなければならないお金が約897兆円になると見込まれています。

　　日本は，今後，お年寄りが増え，医療費などさらにお金が必要になります。今回の消費税率引き上げで，税収は5兆円増える見込みです。

●教材2「少子・高齢化」

　　生まれてくる子どもの数が減り，お年寄り，つまり65歳以上の高齢者の数が増えていくことを「少子・高齢化」と言います。

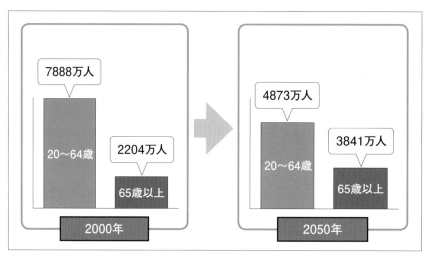

国税庁ウェブサイト「税の学習コーナー」https://www.nta.go.jp/taxes/kids/index.htm
＞「学習・入門編」＞「少子・高齢化」

所見
文例

◆ この授業で この言葉を ◆

　　「消費税」を題材にした学習では，消費税などの税金が私たちの生活を支えていることを理解し，社会の一員として，自分たちの暮らしについて考えていくことの大切さを自覚しました。（自己の生き方）

（山形県　佐藤幸司）

2. アニメキャラクター
～法やきまりを守り，自他の権利を大切にしよう～

<関連する主な内容項目>　C　規則の尊重

　著作権法第35条には，「学校その他の教育機関において教育を担任する者及び授業を受ける者は，その授業の過程における使用に供することを目的とする場合には，必要と認められる限度において，公表された著作物を複製することができる」とあります。著作権は，学校教育で正しく使用する分については，法律で認められています。でも，私たちは（子どもたちも），学校生活のなかで他人の著作物を何気なく使ってしまうことがあり，それは「例外」であるという感覚が薄れてしまってはいないでしょうか。

　これからの高度に発達した情報化社会では，著作権はますます大切になってきます。子どもたちに，著作権の存在とその意義を知らせ，正しい情報モラルを身につけさせたいと思います。

・イラスト教材「アニメキャラクター」
前田康裕（熊本大学教職大学院准教授）：作

マメジロウ

■ マンガ教材で，どの子にもわかりやすく
　使用する教材は，4コマのマンガ（イラスト）です。
　マンガは，提示した瞬間に子どもたちの興味を引きます。また，教材を理解することが苦手な子も内容の理解がしやすく，関心をもって授業に取り組むことができます。その意味において，マンガ教材には，ユニバーサル・デザインの側面があると言えます。

■ 生活場面につなげる
　授業では，キャラクターを使う3つの場面で，その是非を子どもたちに考えさせます。それは，①授業中，②町内夏祭り，③コンクールです。
　実生活に結びつく身近な場面を提示することで，子どもたちは自分が作品をつくるときに，キャラクターの使用に関してどのようなことに注意しなければならないのかを真剣に考え始めます。

指導目標

著作権法の意義を理解し，進んでそれを守り，自他の権利を大切にしようとする態度を育てる。（道徳的態度）

準備するもの

・イラスト教材　4コマ
　ICT機器で提示，または，拡大コピー（提示用）

授業の実際

黒板に【著作権】と書き，「著作権という言葉を聞いたことがある人?」と聞くと，聞いたことがないという子が多かった。そこで，「今日の道徳では，著作権について学びます」と話し，次のように説明した。

> 著作権（ちょさくけん）とは知的財産権の一種。美術・音楽・文芸・学術など作者の思想や感情が表現された著作物を対象とした権利。

※実際の授業では，パソコンで作成し，プロジェクターで文字を提示した。

ここでは，あえて辞書的な説明にとどめ，「言葉で説明すると，難しいですね」と話した。

次に，授業者が描いたイラストが掲載されている本のページと，子どもが校外学習のまとめで使用した愛知県警のキャラクター「コノハ警部」を見せた。

※上と同じく，プロジェクターを使って提示。

『道徳の授業がもっとうまくなる50の技』佐藤幸司：著(明治図書) p.147

❶これは，いいでしょうか，それとも，だめでしょうか。

子どもたちからは，次のような意見が出された。多くは「いい」という意見だったが，「だめ」と考えた子もいた。

・描いた人が載せたかったならいい。
・誰が描いたか書いてあるならいい。
・キャラクターの名前がはっきり書いてあればいいのではないか。
・警察の人が，「しっかりまとめてね」と言っていたからいい。
・キャラクターは許可を取っていないから，勝手に使ったらだめじゃないか。

ここが斬新！

学級の子どもの作品を教材として使った。その子には，事前に授業で作品を使うことをこっそり伝え，了解をとっておく。ノリのよい子なら「どうしよう……」と不安そうな演技もしてくれる。

意見交流の後，この場合は，使用が認められていることを話す。

※授業者のイラストは，本人が認めていること，校外学習のまとめは授業での学習のための使用であることが理由である。

そして，
「実は，先生も，○○君に，このまとめのイラストを授業で使うことの許可をもらいました」と伝え，教師もしっかり著作権を大切にしている姿勢を示す。ここで，著作物の使用に関わる規則と教育上の使用の例外について，次の画面を提示して説明した。

著作権（ちょさくけん）	著作権（例外）
他人が勝手に使用すれば，著作権侵害行為に当たる。使う時は，許可を取ったり，お金を払ったりしなければならない。	教育を担任する者やその授業を受ける者は，授業の過程で使用するために著作物を複製することができる。

ここからは，イラスト教材を使用した展開

である。1コマ目と2コマ目を提示した後に，次のように聞いた。

2コマ目

❷授業でキャラクターを使うことは，よいでしょうか。

この問いに関しては，著作権の例外について説明した後なので，すぐに「授業で使うだけならよい」と確認できた。

次に，町内のポスターで使用する場合（3コマ目）について考えさせた。

❸町内のポスターでキャラクターを使うことは，よいでしょうか。

発問したあと，

「お金や商品はもらいませんよ」

と追加情報を与えると，

「自分に得がないときはどうなんだろう」

と悩む子もいた。

3コマ目

・多くの人の目に触れるからだめだと思う。
・自分に得することがないときは，よい。
・学校は特別で，ほかの場所では，勝手に使ったらだめ。

子どもたちの多くは「だめ」と考えていたが，自分に得がないときの扱いに悩んでいる子もいた。

基本的には，他人が勝手に使用すれば著作権侵害行為に当たることを伝えて，損得関係なく，多くの人の目に触れるときはだめであることを伝えた。

最後に4コマ目。キャラクターコンクールで使用する場合である。

4コマ目

❹キャラクターをまねして使うことは，よいでしょうか。

発問したあと，「そっくりではない」「ちょっとだけ」を強調した。

・少しだけでも，勝手にまねをしたらだめだと思う。
・コンクールだからだめ。
・まねしていると自覚しているからだめ。

子どもたちからは，「自分でまねをしているという意識があるからだめだ」という意見が多く出た。

ここで，再度，著作権についてスライドで確認をしてから，次のように話した。

❺今日の授業で，わかったことをまとめましょう。

記述用のプリントを配付。書き終えたら起立する。そして，順番に指名して，発表させていく。このやり方だと，何を書こうか迷っている子は，友達の意見を参考して書いていける。

●本日の道徳の宿題

本学級では，道徳の授業がある日は，「道徳の宿題」を出している。授業後，再度家庭で考え，高まった自分の意見を定着させる。このとき，保護者と話し合う活動を取り入れると，さらに考えが広がったり，深まったりする。

また，子どもと保護者の意見を「道徳通信」として配付し，それを朝の会などで再度教師が話をすることも効果的である。

道徳の授業を，1時間の中だけで終わらせずに，繰り返し考えさせることで，学習したことの実践化へとつなげていく。

●教材

※この授業は，マンガ教材の作成者である前田康裕氏の授業プランをもとに実施した。

所見文例

◆ この授業で この言葉を ◆

　「規則の尊重」をテーマにした学習では，著作権のルールを理解して守ることが大切であることに気づき，これからの生活に生かしていこうという思いをもちました。（自己の生き方）

（愛知県　栁田一帆）

3.「日本らしさ」(春)
〜1枚の絵から「日本らしさ」について考える〜

<関連する主な内容項目>　C　伝統と文化の尊重，国や郷土を愛する態度

　本授業は，1枚の絵を使って「日本らしさ」について考えていくものです。『とっておきの道徳授業7』では，「冬」の絵を使った授業を紹介しましたが，今回は「春」の絵を使い，低学年を対象とした授業を紹介します。

　本授業では，「春」の絵から「日本の証拠（日本らしさ）」を見つけさせ，それについて自分の経験を想起させたり，友達の経験に数多く触れさせたりすることで，日本らしさの「良さ」を実感できるようにしていきます。

教材　・1枚の絵　（自作教材）

■ 日本らしさの「良さ」に気づかせる

　本授業では，日本らしさについての子どもたちの経験を出し合わせるだけでなく，次のような日本らしさの「良さ」にも気づかせていきます。

> 気づかせたい日本らしさの「良さ」
> ①季節がわかるもの　　②長い間続いてきたもの　　③良さがあるもの

■ 学習を生活につなげる

　子どもたちはたくさんの「日本らしさ」に囲まれていますが，普段はそのことに気づくことなく生活をしています。そこで本授業をきっかけに「生活のなかでの日本らしさを見つける」「日本らしさに関わる思い出を見つける」などに発展させることで，日本らしさへの興味・関心をより高めることができると思われます。

　また，「日本らしさ」は，どの季節にもあるものです。そこで，季節ごとに「日本らしさ」について考えさせることもできます。季節ごとに考えさせる機会をつくれば，子どもたちは実際に「日本らしさ」を目にしたり体験したりすることができますし，それがさらなる愛着へとつながっていくはずです。

指導目標

　「日本らしさ」の良さに気づかせたりこれまでの経験を出し合わせたりすることで，わが国や郷土への愛着と親しみをもって生活しようとする態度を育てる。（道徳的態度）

準備するもの

・イラスト（提示用と配付用）
・紙テープ（2色）

授業の実際

　最初に，子どもたちを教室前方に集める。

❶今からある国の絵を見せますよ。どこの国かわかりますか？

　丸めておいたイラストをゆっくり開きながら提示することで，学習に対する興味を高めていった。子どもたちは，「日本」「アメリカ」「中国」など自分の知っている国名を次々に言い始めた。すべて聞き終わった後で「日本」であることを確認した。

❷日本だとわかるところ（証拠）を青丸で囲みましょう。

　児童用のイラストを配布し，印をつけさせた。ここでは「春」に限定せず，日本とわかるところをたくさん見つけさせていった。子どもたちは，「着物を着ているよ」「桜が咲いている」などつぶやきながら，自分なりの日本の証拠を楽しんで見つけていた。

❸日本だとわかるところを発表しましょう。

　子どもたちからは，「鯉のぼり」「ひなまつり」「お花見」などが出された。
　子どもたちは証拠を出すたびに，「毎朝おじいちゃんと鯉のぼりをあげているよ」「家族で桜のお花見に行ってお弁当を食べたのが楽しかった」など，自分の思い出を語り出した。「しょうぶ湯」や「歌舞伎」など子どもたちになじみがないものが出た場合は，「これは何？」「したことや見たことはある？」などと聞いて，知っていることを紹介させたり，教師が説明を加えたりした。
　子どもたちから出された日本の証拠を「日本らしさ」という言葉で黒板にまとめた。

❹この絵の季節（春・夏・秋・冬）はいつですか。

　子どもたちからは，すぐに「春」という意見が出された。そこで先ほどの活動で子どもたちが見つけた「日本らしさ」の中から，さらに「春」の証拠を見つけさせることにした。子どもたちには「青丸の中から春とわかるところに赤丸を重ねてつけてごらん」と指示を出し，絵に赤丸をつけさせていった。
　その後の全体での交流の中では，日本らしさの中から「鯉のぼり」「桜」などの春の証拠が出された。
　この活動から，一つ目の日本らしさの「良さ」として「季節がわかるもの」をおさえた。

❺「春を感じる日本らしさ」の中で，「端午の節句」はどれくらい前から続いていると思いますか。

　一通り予想をさせた後で，「自分たちの人生」と日本らしさの一事例である「端午の節句」を紙テープ（1年を1cm）で示した。
　「端午の節句」が現在のような形で行われるようになったのは，江戸時代からだと言われている。そこで，4メートルほどの紙テープを用意しゆっくりと教室に掲示していった。
　自分たちの人生の紙テープと端午の節句の紙テープを比べることで，子どもたちは「日本らしさ」がとても長く続いてきたものであることを知り，驚いていた。
　そこで，二つ目の日本らしさの「良さ」と

して，「長い間続いてきたもの」をおさえた。

【春の日本らしさの歴史の一例】

ひな祭り
　奈良時代に中国から伝わり，日本では貴族の女の子の遊びとして始まった。

花見
　平安時代に貴族の遊びとして始まり，江戸時代に庶民の行事となった。

入学式
　4月の入学式は，明治時代に文部省の省令として定められた。

端午の節句
　鎌倉時代に男の子の節句となり，江戸時代からかぶとや武者人形を飾り，鯉のぼりをあげるようになった。

ここが斬新！

　低学年の子どもたちに「日本らしさ」が長い伝統をもったものであることを理解させることは難しい。そこで日本らしさの歴史の長さを紙テープで示したり，自分たちの人生の長さと比べさせたりすることで，「長い間続いてきた」という日本らしさのよさを実感させたい。

---

❻「春」を感じるものの中で「したこと」や「見たこと」があるものはありますか。

　大半の子どもたちが，したり見たりしたことがあるようだった。そこで，数人に発表をさせた後，「したこと＋気持ち」という形で絵の中にメモをさせた。

❼思い出を紹介しましょう。

・私は，毎年おかあさんといっしょにおひなさまを飾ります。たくさんのお人形がとってもきれいで，飾るのがうれしいです。
・この前，給食でかしわもちが出てきました。とってもおいしかったです。

　子どもたちの発表から，三つ目の「良さ」として喜びや楽しさなどの「よさがあるもの」をおさえた。

❽みんなの周りにも，「春を感じる日本らしさ」はありますか？

　子どもたちからは，
・家の近くの田んぼにれんげが咲いている。
・学校に来る途中の家で鯉のぼりをあげている。
など，今，実際に見ているものが出された。

　授業の最後に，「他にも『春を感じる日本らしさ』を見つけたら教えてね」と伝え，生活につながるようにした。
　次の日の子どもたちの日記の中には，この授業がきっかけとなって考えてきたことが書かれていた。

> 　竹の子が，春の日本らしさだと思います。竹は日本らしいし，竹の子は春にしか食べないからです。

> 　この前，家の庭でうぐいすがないていました。うぐいすも日本らしさかなあと思いました。それから，うぐいすは春になくので，春のしょうこだと思いました。

●参考　『とっておきの道徳授業７』に４つの季節の柄を掲載 (p.156〜157　日本標準)

所見 文例	◆ この授業で この言葉を ◆

　　１枚の絵を使った「日本らしさ」の授業では，日本らしさについて知っていることを出し合ったり，自分のこれまでの経験を友達と交流したりするなかで，「日本らしさ」にはたくさんの良さがあることに気づくことができました。（道徳的諸価値の理解）

（佐賀県　佐藤幸規）

4. はなさかじいさんに学ぶ 幸せになるひみつ

<関連する主な内容項目>　A　善悪の判断，自律，自由と責任

誰もが幸せに生きたいと願っています。

でも，どうしたら幸せに生きられるのでしょうか。

この授業では，昔話『はなさかじいさん』を教材として使います。「隣のじいさん」ではなく，「はなさかじいさん」のように生きていけば，どんなことが起きても，この世は幸せなものになるはずです。

教材
- 『よみきかせ日本昔話　はなさかじいさん』石崎洋司：文　松成真理子：絵（講談社）
- 「幸せになる10のひみつ」
  仏教の戒律である「十善戒」を授業者がやさしく書き換えて作成

一段上に

■ 幸せになる秘密を探る

　国連の関連団体が発表した「世界幸福度ランキング2019」では，日本は156カ国中，58位でした。日本は，現在，幸福を感じて生きている人が少ないことがわかります。幸せになりたいと願って努力しているのに，心が満たされないという人もいることでしょう。

　昔話には，優しい主人公がたくさん登場します。そして，主人公たちは，ほぼ例外なく幸せな人生を送っています。語り継がれている昔話を教材にしてより深く考えると，幸せになる秘密が見えてきそうです。

■ 昔からの教えを今に生かす

　幼児期から小学校低学年のうちに，どうしたら幸せな生き方ができるのかということを，絵本を使って自然に理解させたいと思います。

　また，昔の人たちが残してくれた教えのなかには，今に通じる素晴らしいものがたくさんあります。この授業では，昔話のほかに仏教の「戒律」を資料として用います。ある宗教に偏ってしまってはいけませんが，人の生き方として本質となるところだけを示してあげれば，違和感なく（中立性を保って）提示できます。

　すてきな教えや言葉を教室に掲示して，常に目に入るようにすることもお勧めです。

指導目標

　昔話『はなさかじいさん』から，善い行いが自分の幸せにつながることに気づき，自分もそのような行いをしたいという意欲をもたせる。（道徳的実践意欲）

準備するもの

・絵本『はなさかじいさん』
・絵本の絵（提示用）
・「幸せになる10のひみつ」（提示用と配付用）
・ワークシート

授業の実際

　最初に，
　「今日はこれで勉強します」
と言って，絵本『はなさかじいさん』の表紙を見せた。子どもたちは，
　「あっ，知っている」
　「はなさかじいさんだ」
と口々に言い，うれしそうである。子どもたちを前に集めて，絵本を読み聞かせた。
　読んだ後に，
　「はなさかじいさんも，隣のじいさんも，2人とも穴を掘っていましたよね。餅もついていました。枯れ木に灰もまきましたね」
と言って，2つの場面絵を提示した。

　「2人とも同じことをやっていました。それなのに，最後はずいぶん違っていましたね」
と言って，さらに2つの場面絵（それぞれのおじいさんの最後の場面絵）を提示し，問いかけた。

❶2人は同じことをしているのに，最後はこんなに違います。何が違うのでしょうか。

　子どもたちは，これまで道徳で学習してきたことなどを思い返しながら，自分なりの考えを発表していた。

・はなさかじいさんは殿様にほめられたけれど，隣のじいさんはしかられた。
・はなさかじいさんは小犬にやさしいけれど，隣のじいさんはいじめている。
・はなさかじいさんは怒らないけれど，隣のじいさんはすぐに怒る。
・はなさかじいさんは「ぽかぽか言葉」で，隣のじいさんは「チクチク言葉」を使っている。
・はなさかじいさんは笑っているけれど，隣のじいさんは怖い顔をしている。
・はなさかじいさんの心はキラキラがたくさんたまっているけれど，隣のじいさんの心は黒くなっている。

「ぽかぽか言葉」「チクチク言葉」「キラキラ貯金」は，以前道徳の授業で学習したものだ。

ここが斬新！

　日本人なら誰もが知っている昔話からも，道徳を学ぶことができる。普段何気なく読んでいるお話でも，深く考えてみることで，より鮮明にそのメッセージを受け取ることができる。

　「はなさかじいさんのようになるには，優しい，いい言葉を使う，いつも笑顔，キラキラが心にたまっている，ということが大切なのですね」
と，子どもから出た考えを確認した上で，次のように話した。
　「実は，ずっと昔の人たちも，こんなふうにしたら幸せになれますよ，という教えを残

してくださっているのですよ」

ここで，「幸せになる10のひみつ」を提示した（拡大コピー）。これは，「十善戒」という仏教の戒律を，できるだけ前向きで，やさしい言い方に書き直したものである。

```
「幸せになる10のひみつ」
 1．人に優しい。
 2．生きものに優しい。
 3．物を大切にする。
 4．自然を大切にする。
 5．真面目である。
 6．嘘を言わない。
 7．悪口を言わない。
 8．感謝する。
 9．怒らない。
10．みんなが幸せになることを考える。
```

ここが斬新！

　仏教の難しい教えも，誰にでも通じるやさしい言葉を使えば，すんなり心に入っていく。ほかにも，偉人の言葉や古典に出てくる難しい言葉なども，わかりやすく言い換えることで，低学年でも理解することができる。

　1番から10番まで，全員で声に出して読んだ後，次のように聞いた。

❷この中で，はなさかじいさんは，いくつ当てはまっているでしょう。

・おばあさんや小犬に優しかったから，「人に優しい」と「生き物に優しい」に当てはまる。
・道具を大切にしていたから，「物を大切にする」は当てはまる。
・隣のじいさんにひどいことをされても怒らなかったから，「怒らない」に当てはまる。
・何をされても隣のじいさんの悪口を言わなかった。

　はなさかじいさんには，たくさんの項目が当てはまることに，子どもたちは驚いていた。

ここで，
「みんなはいくつできているかな」
と言って，「幸せになる10のひみつ」のプリントを配付した。自分ができている項目に丸をつけさせ，丸がついた項目に挙手させた。

「この教えって，ずっと昔から，みんなのおじいさんやおばあさん，そのまたおじいさんやおばあさん，そのまたおじいさんやおばあさんたちがずっと語り継いでくださったおかげで，今，こうして残っているのですよ」
と話して，次の発問をした。

❸昔の人たちは，どうしてこうした教えを語り継いできたのでしょう。

・みんなにいい心でいてほしいから。
・しあわせになってほしいから。
・やさしい人になってほしいから。
・大事なことを伝えたかったから。

　子どもたちの発表を聞いた後，
「そんな思いで，大切なことを残してくれたのですね。みんなも，大きくなったら結婚して，子どもができるかもしれませんよね。そのときにね……」
と話し，次のように聞いた。

❹みなさんは，自分の子どもたちに，どのようなことを伝えたいですか。

　ワークシートに書かせてから，発表した子どもが次の子どもを指名するリレー方式で，次々に発表させた。

・ぽかぽか言葉を使うといいよ。
・チクチク言葉やマイナス言葉は使わないでね。
・いいことをすると，いいことが返ってくるよ。
・人にやさしくしてね。
・「ありがとう」と言うといいよ。
・友達と仲良くしてね。
・笑顔が大切だよ。

　最後に，「かさじぞう」「わらしべちょうじゃ」など，「幸せになるひみつ」を教えてくれるお話がほかにもあることを紹介して，授業を終えた。

●ワークシート

「幸せになる10のひみつ」は，提示用として拡大コピーしたものも用意する。
漢字はそのまま用いて，ふりがなを振る。

所見文例

◆ この授業で この言葉を ◆

　「よりよい生き方」をテーマにした学習では，昔話からどうしたら幸せに生きられるかを考え，自分もそんなふうに生活していきたいという思いをもちました。（自己の生き方）

（千葉県　勝治麻由子）

5. りっぱな大人になろう

<関連する主な内容項目>　A　節度，節制

　子どもたちが使っているトイレの見回りをしていると，ドキッとするポスターを発見しました。ポスターに次の言葉が載せられていたからです。

　「トイレをよごすと，りっぱな大人になれぬ！！」

　この言葉は，大人の私の心にも強く響いてきました。トイレの使い方と未来の自分の姿との関わりを，意識したことがなかったからです。

　授業では，「トイレを汚すこと」と「立派な大人になれないこと」のつながりを考えさせることを通して，未来の自分のために，「みんなが使う場所」や「人が見ていない場所」をいつでもきれいに使っていきたいという意欲を高めていきます。

教材　・「トイレをよごすと，りっぱな大人になれぬ！！」
　　　勤務校の児童（環境委員会）が作成したポスター

一段上に **グレードUP!**

■「考えさせること」で心に刻みこむ

　導入で，ポスターの言葉（「トイレをよごすと，」）を空欄にして提示し，立派な大人になれない行動を考えさせます。子どもたちが，どんな行動をすれば立派な大人になれるのか一生懸命に考えた後，「トイレをよごす」という言葉が入ることを伝えます。子どもたちは予想もつかなかった言葉に驚くでしょう。子どもの心に刻み込みたい言葉は，そのまま伝えるのではなく，じっくりと考えさせてから伝えるようにします。

■「りっぱな大人週間」を設定して，授業の学びを広げる

　授業の学びを広げるために，定期的に「りっぱな大人週間」を設定します。トイレという場所に限らず，立派な大人になれるような行動をしようという意欲を高めるためです。「りっぱな大人週間」時の帰りの会では，立派な大人になれるような行動をしている友達を見つけて発表させます。この取り組みは，子どもが授業での学びを行動にしようとする意欲を高めるとともに，子どもが学級の友達のよさを発見する目を養います。

指導目標

　みんなが使う場所を次の人のことを考えてきれいに使うことが将来の自分の姿につながっていくことに気づき，節度ある生活をしようとする態度を育てる。（道徳的態度）

準備するもの

・ポスター（122ページに掲載）（提示用）

授業の実際

　授業開始と同時に，

りっぱな大人

と板書し，どんな人が「りっぱな大人」なのか，発言させた。
　・誰にでもやさしくできる人
　・決まりを守れる人
　・努力をできる人
　・仕事をがんばる人
　全員で「りっぱな大人」のイメージを共有して，次のようにたずねた。
　「りっぱな大人になりたい人！」
すると，全員の手が元気に挙がった。
　「先生はもう大人だけど，今からでも立派な大人になりたいです。さて，この前，ちょっとびっくりしたポスターを学校の中で見つけました」
と言って，ポスターを（「トイレ」に関わる文字は伏せて）提示した。

❶ どんな言葉が隠れているのでしょうか。

　子どもたちからは，
　・うそをつくと
　・悪いことをすると
　・宿題を忘れると
というような考えが出された。
　ここは，あまり時間はかけずに，
　「こんな言葉が隠れていました」
と言って，伏せておいた「トイレをよごすと，」という文字を見せた。すると，
　「あっ，このイラストがトイレットペーパーなんだ」
という声が返ってきた。
　「トイレ」と「立派な大人」とどんな関係があるのだろう……，と不思議そうにしている子どももいたので，
　「この言葉に，何か質問はないですか」
とたずねたところ，
　・トイレを汚すことが，立派な大人になれないこととは関係があるのかな。
　・仕事ができれば立派な大人だと思う。
という発言があった。これらの質問を受けて，次の発問をした。

❷ ポスターの言葉には，どんな意味があるのでしょうか。

　・みんなが使う場所を汚さないようにすることが，大人になる第一歩だということだと思う。
　・汚すということは，決まりをやぶるということだから立派な大人になれない。
　・汚したら次の人が困る。次の人への思いやりができていないから，そんな人は立派な大人になれない。
　・心が乱れたまま大人になってしまうから。
　・日ごろから使うものや，みんなが使うものを子どものときにきれいに使えない人は，大人になったときも同じようにできないから。

ここが斬新！

　もともとは，トイレの使い方に関するポスターである。しかし，そこにとどまらずに，トイレの使い方はほかの

人の快適な生活を守ることにつながり，さらにそれは，将来の自分の姿にも関係してくることを考えさせる。

発言が出つくしたところで，
「みんなの意見をまとめてみると，いくつの考えにまとまりそうですか」
とたずねた。子どもたちと話し合った結果，大まかに3通りに分けられた。そこで，これらを「りっぱな大人の3カ条」として，次のようにまとめた。

りっぱな大人の3カ条
一，子どものころの毎日の行動が大切である。
一，みんなが使う場所は，次の人のことを考えて思いやりのある使い方をする。
一，誰も見ていないときでも，ルールを守って正しく使う。

全員で音読した後，次の発問をした。

❸トイレをどのように使ったら「りっぱな大人」と言ってもらえそうですか。「りっぱな大人の3カ条」を参考にして，3つ以上考えましょう。

子どもたちが意見をもちやすいように，きれいに清掃・整頓されたトイレの写真を黒板に掲示した。

個人で考えさせた後，グループで意見交流を行った。その後，グループで出た意見の中で，この使い方は「りっぱな大人」になれそうだというものを3つ選び発表させた。
次のような意見が出された。

・おしっこがはみ出たら，きちんと拭く。
・トイレットペーパーがなくなったら，次の人のことを考えて，新しいのをつける。
・手を洗うとき，水が周りに飛び散らないように気をつける。

全体での発表を終えたら，次の発問をして，自分のこととして考えさせた。

❹あなたのトイレの使い方は，「りっぱな大人」と言われそうですか？

4段階で自分の行動を判断させた。
「4」…言われそうだ。
「3」…だいたい言われそうだ。
「2」…あまり言われそうにない。
「1」…言われそうにない。

その後，判断した理由と，「4」に近づけために何を意識するのかをノートに書かせた。（すでに「4」の場合は，さらによくなるための方法を書かせた）
本学級の子どもたちは，「3」を選んだ子どもが多かった。「2」を選んだ子もいた。

「2」の意見
・私は汚していないけれど，トイレットペーパーがなくなったときに，次の人のことを考えて，新しいトイレットペーパーを用意していないからです。次の人のことをもう少し意識できるようにしたいです。

「3」の意見
・僕は少しでも汚れないように，いつも気をつけています。また，このトイレを使いたいなと，みんなが思う使い方をしたいです。
・私は汚してはいません。でも，「次の人のことを思って使う」という意識がありませんでした。「りっぱな大人」に近づきたいので，そういうところも意識していきたいです。

「4」の意見
・私は，自分がきたないトイレを使うのは絶対にいやなので，かなり意識をして使っています。自分だったら，こんなトイレがいいなと思いながら使っています。
最後に感想を書かせて授業を終えた。

●**教材**　勤務校の児童（環境委員会）が作成したポスター

●**授業の感想**

・トイレだけでなく何に関しても丁寧に使わないと立派な大人になれないと思いました。
・トイレットペーパーのゴミが落ちたとき，そのままにしていたけれど，これからは，次の人のことを考えて拾います。
・物に対しても思いやりの心が大切だということがわかりました。
・毎日きれいに使っているけれど，もっときれいに使おうと思いました。
・これからは，トイレにかぎらず，みんなで使っているものもきれいに使います。
・日ごろから，どんなものでも丁寧に，きちんと使おうと思います。

所見文例　◆ この授業で この言葉を ◆

　「りっぱな大人になろう」の学習では，日ごろの生活の積み重ねが「立派な大人」につながっていくことに気づき，みんなが使う場所は，次の人のことを考えてきれいに使っていきたいという思いをもちました。（自己の生き方）

（愛知県　猪飼博子）

6. 知らないのに……。

<関連する主な内容項目>　B　相互理解

　「知らない人のこと　いつの間にか嫌いと言っていた」。この歌詞を読んで，みなさんは
どう思いますか。大人の社会だけでなく，学校生活でもこのようなことがないでしょう
か。「知らない人」のことを簡単に「嫌い」などと言ってしまうことは，とても悲しいこ
とです。また，人を見た目や，少ない情報だけで判断してしまうことは，よいこととは言
えません。相手のことを知るということは，どういうことなのかを深く考え，クラスの仲
間と議論するなかで，相手のことを知る大切さや，相手を理解するためには，どうしたら
よいかを本授業で学んでいきます。

教材 ・CD「プレゼント」SEKAI NO OWARI

 一段上に

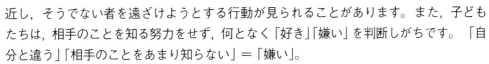

■ 相手を知るということ

　高学年になると，考えや意見の近い者同士が接
近し，そうでない者を遠ざけようとする行動が見られることがあります。また，子ども
たちは，相手のことを知る努力をせず，何となく「好き」「嫌い」を判断しがちです。「自
分と違う」「相手のことをあまり知らない」＝「嫌い」。

　これは正しいことなのでしょうか。そこで本授業では，多感な時期の子どもたちに「知
らない」という言葉の意味について，「プレゼント」の歌詞を使って，深く考えさせます。

　子どもたちは，歌詞について深く考えることで，「知らない」ということは怖いことで
あると気づき，相手を知る大切さや必要性に気づくことができます。

■ 年度始めにこの授業を！

　子どもたちはクラス替えの4月，同じクラスになったことのない子に対して，第一印
象や今までのイメージなどで「あの人は〇〇だ」などと，決めつけていないでしょうか。
これから1年間，苦楽を共にする友達とよい関係を築くためにも，年度始めにこの授業
を行い，相手のことを知ろうとする態度を育ててください。

指導目標

外見やイメージだけで人を判断することは間違いであることに気づき，相手の立場に立って考える態度を育てる。（道徳的態度）

準備するもの

・CD「プレゼント」SEKAI NO OWARI，歌詞，写真（提示用）

授業の実際

最初に，SEKAI NO OWARIの写真を見せる。

❶写真の人たちを知っていますか？

子どもたちからは，すぐに，
「セカオワだ！」
との反応があった。

知っていることを発表させた後，
「今日の道徳は，SEKAI NO OWARIの曲で勉強しましょう」
と伝えた。

子どもたちは，興味津々の様子である。

❷曲「プレゼント」を聴きましょう。

歌詞の内容をもとに学習していくことを伝え，「プレゼント」の1番まで流す。その後，たった11行で学ぶことを伝えると，子どもからは，「え～」との驚きの反応があった。

ここが斬新！

1行目～11行目で授業を行う。「読み物資料」として考えると，短い文章である。しかし，メッセージ性の強い歌詞であるため，そこに込められた思いをしっかり考え，理解できるよう，あえて抽出した歌詞で学ぶ。

歌詞の中で，繰り返し使われている言葉を探させた。すると，「知らない」と「嫌い」の2つの言葉が出された。そこで，次のような

発問をした。

❸「知らない」とは，どういう意味でしょう？

子どもたちからは，次の発表があった。
・相手のことを理解していない。
・わからない。
・情報がない。
・相手の全部を知っていない。
ここで，
「知ろうともしない人，知らない人を嫌いになれますか」
と問うと，全員が
「できない」と答えた。

❹「知らない」「知ろうともしない」人のことを，なぜ「いつのまにか嫌い」になってしまったのでしょうか？

子どもたちは，考え込んでいる様子だったが，しばらくすると次の発表があった。
・何となく嫌いになってしまう。
・雰囲気で。
・第一印象で欠点が目についてしまって，その印象のままで。
・周りの人に流されてしまって。
意見が出つくしたところで，

流されるとは？

と板書し，次の発問をした。

❺「流される」とは，どういう意味でしょう？

・とりあえず，場の雰囲気に乗ること。
・雰囲気にのみ込まれる。
・自分の考えを言わず，周りの言うことに従ってしまうこと。
・自分の本心ではないけれど，周りの人につられること。

ここが斬新！

ここでは，一人の子どもから出された「流される」の意味に着目した。普段自分は，誰かに流される言動をして

いないか，省みるきっかけとする。正しいかどうかを自分で判断することの大切さを学級全体で共通認識を図る。

「周りに流されないためには，どうすればいいのかな」
とたずねると，
「まず，相手の考えを知ることが大事」
という返答があった。
　ここで，黒板に次のようにまとめた。

| 流されて | ➡ | 嫌い | 正しい行動 |
| 知らない | ➡ | 嫌い | ではない！ |

その後，次のように聞いた。

❻「流されない」ためには，どうすればよいのでしょうか。
　・自分の意志で動く。
　・人からのうわさ話を信用せず，自分で話をしてみて，どういう人なのかを判断する。
　・まず，相手を知ることが大切。
　子どもたちから，自分の意志で判断することや，相手を知ることは大切であるという意見が出されたので，次のように話した。

❼相手を知るためには，「何を」知ればよいのか，みんなで意見を出し合いましょう。

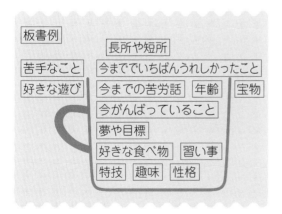

ここで，グループで話し合いを行う。その後，話し合いで出された意見をどんどん発表させる。コップ型の図形を板書し，図形の中に出された意見を書いていく。

ここが**斬新！**

　子どもの意見をコップからあふれたように板書することで，相手を「知る」ためには，多くの情報を得ることが必要であることを視覚的に理解できるようにする。

次のような意見が出された。
※相手の「何を」知ればよいか。
　・特技　　　　　・性格
　・夢や目標　　　・趣味
　・習い事　　　　・好きな食べ物
　・年齢　　　　　・長所や短所
　たくさんの考えがみんなで出せたことを認め，相手のことを知るためには，多くの情報を得る必要があることを押さえる。そのためにはコミュニケーションが大切であることを話した。

❽授業の感想を書きましょう。
　さまざまな感想に触れさせていきたいので，ここでは可能なかぎり多くの子どもに発言させることを心がけたい。
●児童の感想
　・知らないから嫌いではなく，知らないから知ろうとすることが大事だと思った。
　・人のことを知ることは，そんなに簡単ではないことがわかった。
　・「知る」「知らない」という言葉の意味は，とても深い。決して流されてはいけないということがわかった。
　・知らないことで，いろいろな方向に動いていき，最終的には，いじめなどの悪い方向に進んでいってしまう。
　・周りに流され，知らない人を嫌いという考え方が間違っていることに気づいた。
　・相手のことを知らないままでは，一生理解できるときはこない。知るべきこと，知らないことが多すぎるから。しかし，せめて知りたいと思える人になっていきたい。

●**教材**　「プレゼント」　SEKAI NO OWARI：歌手　Saori：歌詞　Nakajin：作曲

「プレゼント」

　　　　　歌手　SEKAI NO OWARI
　　　　　作詞　Saori
　　　　　作曲　Nakajin

「知らない」という言葉の意味
間違えていたんだ
知らない人のこと
いつの間にか「嫌い」と言っていたよ

何も知らずに
知ろうともしなかった人のこと
どうして「嫌い」なんて言ったのだろう
流されていたんだ

「知らない」ことは怖いから
醜い言葉ばかり吐き出して誤魔化して
自分のことまで嫌わないで

**所見
文例**

◆ **この授業で この言葉を** ◆

　「相互理解」をテーマにした学習では，外見やイメージだけで人を判断することは間違いであることに気づき，相手のことを理解していこうとする思いを高めることができました。（自己の生き方）

（愛知県　辻　志郎）

斬新！ 道徳授業のニューバージョン

道徳の授業には，いろいろな形があるんだね。ワクワクするね。

1. 暮らしを支える消費税
2. アニメキャラクター
3. 「日本らしさ」（春）
4. はなさかじいさんに学ぶ幸せになるひみつ
5. りっぱな大人になろう
6. 知らないのに……。

　「新製品の開発」という言葉からわかるように，開発とは，新しい技術や製品を実用化することを意味します。ですから，教材開発は，新しい指導方法や教材を実際の授業で活用することと定義づけることができます。

　新たな実践が生まれるためには，多様性が認められなければなりません。縛りは，柔軟な発想を妨げ，教師の実践意欲を失わせます。ここに収めたのは，授業者の柔軟な発想が出発点となった6つの斬新な授業たちです。

1. 暮らしを支える消費税

　消費税は，「消費税法」という法律で決められている。法律は国会で作られ，国会を動かす国会議員は国民が選挙で選ぶ。2016年6月に改正公職選挙法が施行され，選挙権が与えられる年齢が20歳以上から18歳以上になった。しかし，10代の投票率は低迷している。

　だからこそ，消費税を道徳授業で扱う意義がある。消費税の是非を討論するのが目的ではない。主権者として自立して生きるために，消費税を題材とした主権者教育が有効なのである。

2. アニメキャラクター

　前田康裕氏のイラスト教材を使った情報モラルの授業である。テーマは，著作権。4コマのイラストで構成され，他人が作成したキャラクターの使用について，3つの場面で考えさせている。イラストによって，場面の様子が明確に伝わり，すべての子が授業に集中できる教材である。

　授業者は，イラスト教材に入る前に，自身のイラストと学級の子どもの作品を提示している。身近なところにある著作権を意識させ，その後，教材へと進む。子どもの視点が実生活へと広がっていく。

前田康裕（熊本大学教職大学院准教授）：作

3.「日本らしさ」(春)

　『とっておきの道徳授業』シリーズでも，すっかりおなじみとなった佐藤幸規氏のイラスト教材を使った実践である。今回の教材「春」は，『とっておきの道徳授業7』に掲載されている授業記録「『日本らしさ』っていいなあ」の中から，春のイラストを大幅にバージョンアップさせたものである。

　日本は，四季が美しい国である。その美しさを1枚のイラストを通して，再確認する。桜が咲き，こいのぼりが泳ぐ時期に，学年関係なく実施してほしい授業である。

4. はなさかじいさんに学ぶ幸せになるひみつ

　昔話には，善悪を対照的に表す人物が登場するものが多い。『はなさかじいさん』は，その典型である。善い行いをすれば幸せになり，悪い行いをすれば罰が当たる。幸せへの道筋が，シンプルにわかりやすく描かれている。

　授業者は，ここに，仏教の戒律「十善戒」をもち込む。もちろん，そのままの表現では低学年の子どもたちには伝わらないので，平易な表現に改めて提示している。昔の人は，いいことを言ったもんだ……。子どもたちも納得である。

『よみきかせ日本昔話　はなさかじいさん』
石崎洋司：文　松成真理子：絵（講談社）

5. りっぱな大人になろう

　「トイレをよごすと，りっぱな大人になれぬ!!」というポスターの言葉がおもしろい。自校の環境委員会児童の作品であり，それを道徳授業で使おうと思った授業者の発想も愉快である。いわば，子どもと共同の教材開発である。

　すると，当然，トイレの使い方と立派な大人への成長との関係について知りたくなる（考えたくなる）。授業では，この疑問への子どもたちの解答が，「りっぱな大人の3カ条」としてまとめられる。日ごろの行動が，将来の自分の姿につながっていく。

勤務校の児童（環境委員会）が作成したポスター

6. 知らないのに……。

　教材は，一つの楽曲（プレゼント）の中の11行の歌詞である。子どもたちは，11行の歌詞に込められたメッセージを受け止め，自分たちの学校生活に照らし合わせながら，授業は進んでいく。

　短い言葉を資料として授業を展開するには，子どもたちからのたくさんの発表が必要である。子どもの経験を引き出す巧みな発問や，コップ型の図形に意見を書いていく活動的な手法などにより，子どもたちの学びの意欲が連続していく。

SEKAI NO OWARI

（編著者　佐藤幸司）

第6章

原点！ 命の輝き

実　践　編

第6章

原点! 命の輝き

1. 2020年の先へ

<関連する主な内容項目>　C　国や郷土を愛する態度

　いよいよ今年2020年，東京オリンピックが開催されます。開会式は，7月24日です。大会ボランティアにはたくさんの応募があり，着々と準備が進められ，後は本番を待つばかりとなりました。

　そこで，この時期に東京オリンピックを題材として「国や郷土を愛する態度」を育む道徳授業を実施してみましょう。子どもたちに親しみのある大会マスコット（ミライトワ・ソメイティ）の名前に込められた願いに焦点を当てた授業です。

　※東京オリンピック閉会後でも，資料を入れ替えるなどの工夫をして，同じ指導目標での授業が可能です。

教材
・1964年東京五輪開会式の写真
・大会マスコットのデビューイベント（名前発表）の写真
・ミライトワとソメイティの写真，またはぬいぐるみなどの商品

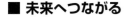

一段上に

■ 未来へつながる

　「体育の日」は，もともとは10月10日，1964年の東京オリンピックの開会式に由来する日でした。前回の東京オリンピックは，わが国の戦後の復興を象徴する大会でした。

　2020年からは，名称が「スポーツの日」となり，オリンピック開催の2020年に限り，祝日の月日も変更されます。聖火リレーが東日本大震災の被災地・福島県からスタートすることからも，東京オリンピックが単なるスポーツイベントではなく，未来へとつながり，これからを生きる子どもたちの命を輝かせる大切な大会であることがわかります。

■ 教科書教材を活用する

　教科書教材は，子どもたちが学ぶべき内容が限られた紙幅の中にわかりやすくまとめられています。その「長所」を生かすことを考えると，いろいろな活用方法が見えてきます。たとえばこの授業のように，終末で教科書教材を読む方法です。

　2020年東京オリンピックに期待を膨らませ，そして，その先の未来への希望をもたせるために，教科書教材で本時の学習のまとめを行います。

指導目標

　2020年の東京五輪・パラリンピックの先にある未来を想像し，わが国や郷土の発展を願う気持ちを育てる。（道徳的心情）

準備するもの

・1964年東京五輪開会式の写真（提示用）
・大会マスコットのデビューイベントの写真（2018年7月22日開催）（提示用）
　※いずれも，インターネットの画像検索で容易に入手できる。
・ミライトワとソメイティの写真，またはぬいぐるみなどの公式ライセンス商品（提示用）

授業の実際

　東京五輪・パラリンピックの開催まで，あと1年を切った2019年9月上旬に，3年生に実施した授業である。

❶本当は10月なのに，2020年だけ7月になる祝日があります。それは，何の日でしょうか。

「カレンダーを見てもいいですか」
という声があったので，見てもいいことを伝えた。子どもたちは，教室の壁に下げてあるカレンダーを1枚めくって，10月の祝日を調べた。

　2019年の10月は，祝日が二つある。一つは，14日（第2月曜日）の体育の日。もう一つは，22日「即位礼正殿の儀」である。天皇陛下の即位に関する祝日は2019年が特別なはずなので，「体育の日」であると意見がまとまった。

「どうして，体育の日が，2020年だけ7月になるんだろうね？」
と尋ねると，2020年，体育……ということで，すぐに想像がついたようである。

「東京オリンピックがあるからです」
という返答があった。

　2020年からは，名称が「スポーツの日」と改められ，2020年に限って，「海の日」は7月

23日に，「体育の日（スポーツの日）」は7月24日に，「山の日」は8月10日になることを伝えた。これは，東京オリンピック・パラリンピック競技大会の円滑な準備および運営のために，「国民の祝日に関する法律」の特例が設けられたからである。

　ここで，教材1を読み聞かせた。1964年の東京オリンピックに関する内容である。

　読み終えたら，開会式の様子を伝える写真を提示した。そして，次の発問をした。

❷このとき，人々は青空を見上げて，どんなことを思っていたでしょうか。

　教材文を聞き，写真を見て，想像したことを自由起立で発表させた。

・すごい青空なので，心もワクワクした。
・これまで，戦争とか大変なことがあったけれど，これから日本は，どんどんいい国になるぞ。
・選手が大活躍して，金メダルをたくさんとってほしい。
・道路やホテルもたくさんできて，これからが楽しみだ。

　発言が出つくしたところで，教材2を読み聞かせた。平成30（2018）年7月22日に都内で開催されたマスコットのデビューイベントの写真（インターネットの画像検索で入手可能）を提示。マスコットの名前や特徴（設定）について，子どもたちに問いかけながら，黒板に書いて確認した。

マスコットの名前
東京オリンピック　　ミライトワ
パラリンピック　　　ソメイティ
・子どもたちのワクワクがエネルギー
・デジタルと現実の世界を行き来する

---

❸マスコットの名前や特徴を聞いた感想を発表しましょう。

子どもたちの投票で選ばれたことにも触れ、好意的な意見を引き出す。次のような発表があった。

- ・ミライトワはかっこよくて、ソメイティはかわいい感じ。
- ・僕たち（子どもたち）の投票で決めてくれたので、すごくいいな〜と思う。
- ・カタカナで英語みたいだけれど、未来とかの日本語も入っているようだ。
- ・デジタルと現実を行き来するというのがおもしろそう。

ここで、袋に入れて準備しておいたミライトワとソメイティのぬいぐるみを見せた。

子どもたちは、

「かわいい！」

と大喜びである。しばらく、ぬいぐるみと触れ合う（かわいがる？）時間をとった。

※ぬいぐるみのほかにも、さまざまな東京2020公式ライセンス商品が販売されている。売上金の一部は運営費に充てられる。何か商品の一つを準備すると、子どもたちの興味関心を高めるのに役立つ。

全員が触れた後、教材3を読み聞かせて、名前の意味について考えさせた。

❹マスコットの名前には、どんな願いが込められているのでしょうか。

教材3をもとに、名前に込められた願いを子どもたち自身の言葉でまとめ、発表させる。

出された意見をもとにして、黒板に次のようにまとめた。

> ミライトワ＝未来・永遠
> ・世界の人とずっと仲良く
> ・みんなが幸せな未来を
> ソメイティ＝桜・強さ
> ・きれいな心をもつ
> ・くじけないで進む

これぞ原点！

教材と自分自身が結びついたとき、

子どもは、自分事として真剣に考え始める。名前の意味を自分の言葉でまとめることで、東京オリンピック開催を、実感を伴って捉え、その後の未来についても思いをはせるようになる。

ここで、

「道徳の教科書にも、オリンピックに関係のある話が載っています。探してみましょう」

と話し、教科書から探すように指示した。

最初に挙手をした子を指名。

「○○ページの……という話です」

という発言があった。全員がページを開いたことを確認して、教師が範読をした。

また、写真資料も充実しているので、教室の大型テレビにオリンピックの様子を映して子どもたちに見せた。

授業時間は、残り10分ほどであった。

「ちょっと難しいことを聞いてもいいかな」

と子どもたちに尋ねると、

「いいよ」

「大丈夫」

という頼もしい声が返ってきた。

❺2020年の先は、どんな未来であってほしいですか。そのために自分たちができることは何でしょうか。

これぞ原点！

東京オリンピックは、開催して成功裏に終えればそれでよし、ではない。1964年の開催がわが国の発展に大きく貢献したように、その先が大切である。未来を担う子どもたちに、その自覚をもたせたい。

ワークシート（無地にマスコットのイラスト入りのA4判用紙）を配付し、自分の考えを書かせた。書き終えた子は席を立ち、意見交流をするように指示した。

子どもたちは、オリンピックでの応援やボランティアなどの身近なことから、広い視野に立った将来の夢など、柔軟に考えをめぐらせていた。

●**教材1** 参考：「ニュースde道徳」2018年10月10日 読売新聞 佐藤幸司：監修（以下教材2・3も同様）

　「体育の日」は，10月の第2月曜日です。これは，3連休をつくるために現在の法律で定められていますが，1999年までは，1964年に東京オリンピックの開会式が行われた10月10日でした。55年前の開会式には，抜けるような青空が広がっていました。テレビ実況を担当したNHKの北出清五郎アナウンサーは，冒頭で
「世界中の青空を全部東京もってきてしまったような素晴らしい秋日和でございます」
と述べました。
　大会に合わせて，新幹線や高速道路，ホテルなど，生活や社会を支えるものがたくさんつくられました。日本は，1945年の終戦から20年足らずでオリンピックを開催できるまで復興することができたのです。
　　※補足：2020年から，「体育の日」の名称が「スポーツの日」に改められ，その意義は「スポーツを楽しみ，他者を尊重する精神を培うとともに，健康で活力ある社会の実現を願う」とされました。（施行日：2020年1月1日）

●**教材2**

　2020年の東京オリンピックは，聖火リレーが福島県からスタートするなど，東日本大震災からの復興をアピールする目標もあります。
　会場の案内などを行う大会ボランティアの募集には，予想を大きく上回るたくさんの応募がありました。メインスタジアムの新国立競技場の工事も進み，その姿を現しています。
　　※最終の応募者数は，204680人（2019年1月）。
　　※2019年12月に，完成を祝う（竣工）式が行われ，報道機関に公開されました。

　大会マスコットは，全国の小学生の投票で選ばれました。名前は，オリンピックマスコットが「ミライトワ」，パラリンピックマスコットは「ソメイティ」です。どちらも，子どもたちの「ワクワク」をエネルギーにして誕生し，インターネットを使ってデジタルと現実の世界を行き来するという設定です。組織委員会では，
「東京大会のメッセージを日本中，世界中に伝えたい」
と話しています。

●**教材3**

　2つのマスコットの名前の意味
・ミライトワ　素晴らしい未来を永遠にという願いを込めた。
　　　　　　　世界の人々の心に，希望に満ちた未来をいつまでも輝かせる。
・ソメイティ　桜のソメイヨシノと英語の「so mighty（非常に強い）」を合わせた。
　　　　　　　日本の心とパラリンピック選手の素晴らしさを印象づける。

所見文例 ◆ **この授業で この言葉を** ◆

> 　「東京オリンピック」を題材にした学習では，マスコットの名前に込められた意味を理解し，オリンピックが終わった後も，明るい未来が開けていってほしいという願いをもちました。（自己の生き方）

（山形県　佐藤幸司）

2. 思いこみを変えて運命を変える

<関連する主な内容項目>　A　希望と勇気

　何かに挑戦しようとしたとき，「自分はできない」とか「努力しても無理」のように思いこみ，あきらめてしまうことはありませんか。やればできるかもしれないのに，最初から「できない」「無理」と決めてしまうのはもったいないことです。

　せっかくこの世に生まれてきたのだから，思いこみを捨てて，「もしかしたらできるかも」「無理じゃないかも」と考え方を変えてみませんか。思いこみを変えれば，運命も変えることができるかもしれないのです。

教材　・「思いこみを変えて運命を変える」　自作紙芝居

一段上に**グレードUP!**

■「運命」って変えられる！

　「運命」という言葉を低学年も聞いたことがあるでしょう。改めて「運命」とは何かを考えさせると，「そうなると決まっていること」「変えられないこと」などの答えが返ってきます。

　そこで，「本当に変えられないのか」「変えられることもあるのではないか」，という揺さぶりをかけます。変えられないと思っていたことは，実は「思いこみ」のせいだと気づかせます。

■ 自己肯定感を育てる

　低学年の子どもたちは，「できない」「無理」という言葉をよく使います。それは，とても残念なことだと思います。小さいうちから，挑戦もしていないのに，がんばってもいないのに，自分の能力をあきらめてしまうなんて……。

　この授業では，冬だってタンポポを見つけられたというエピソードから，探してみなければわからないということを学びます。勉強だって同じです。漢字や計算，体育や音楽に苦手意識をもっている子どもたちの自肯定感を高め，がんばろうという気持ちにさせる，そんな授業です。

指導目標

　自分にはできないという思いこみを捨て，苦手なことに挑戦して，自分を高めていこうとする意欲をもたせる。（道徳的実践意欲）

準備するもの

・自作紙芝居「思いこみを変え運命を変える」16枚（提示用）

授業の実際

　「『運命』って，聞いたことある？」
と聞くと，すぐに
　「聞いたことある！」
という元気な声が返ってきた。そこで，
　「では，『運命』っていったい何でしょう？」
と問いかけたところ，子どもたちからは，
　・そうなるって決まっていること。
　・まける運命っていったらまけるし，しぬ
　　運命っていったらしぬっていうこと。
という発表があった。
　「運命って決まっているのね。では，運命って変えられないのかな？」
　「変えられないよ」
　「そうなるって決まっているから」
　このようなやり取りの後，次の発問をした。

❶「運命」は変えられないというけれど，本当にそうなのでしょうか。
　子どもたちからは，次の発表があった。
　・まほうを使えば変えられる。
　・ドラえもんのタイムマシンにのって，むかしにもどって，変える。
　ここでは，あまり時間はかけずに，
　「こんなお話があるから聞いてください」
と言って，紙芝居を読み聞かせた。

紙芝居③

紙芝居④

　ナナちゃんのお誕生日は２月。
　「お誕生日プレゼントに，たんぽぽがほしいな」
　カンタとシュウヘイは困ってしまいました。
　「今，冬だもの。そんなの無理だよ」
とカンタは言いました。ところが，シュウヘイは，たんぽぽを見つけることができたのです。

紙芝居⑤

❷なぜシュウヘイは，たんぽぽを見つけることができたのでしょう。
　「ちなみに魔法は使えません。タイムマシンで春に行くこともできません」
と，説明を加えた。グループで話し合った後，全体で発表させたところ，
　・温かい国に行って取ってきた。
　・今，春の国から届けてもらった。
　・ビニールハウスで育てている人からもらった。
　・冬に咲くたんぽぽがあった。
という意見が出された。
　「みんないろいろ考えましたね。きっと，シュウヘイも考えたのでしょう。でも，カンタは考えなかった。どうしてかな。こんな話がありますよ」
と言って，紙芝居⑦を見せ，説明した。

紙芝居⑦

　サーカスのゾウは，小さいときに逃げないように，足に重りをつけられているのです。
　すると，大きくなってから重りをとっても，逃げようとはしないそうです。

続けて, 紙芝居⑧を見せた。

紙芝居⑧

　ノミは30〜50センチくらい高くとべる虫です。しかし, 高さ10センチの入れ物に閉じ込めておくと, そのうち外に出しても10センチしかとべなくなってしまうそうです。

❸どうしてゾウは, 逃げなくなってしまったのでしょう。

・逃げようと思ったけど, 重くて逃げられなかったことを覚えているのではないかな。
・逃げようとして, 痛かったから。
・もう逃げようと思わなくなったと思う。

続けて, ノミについても同じように聞いた。

❹どうしてノミは, 10センチしかとべなくなってしまったのでしょう。

・天井にぶつかって, もういやだと思った。
・あきらめたのではないかな。
・とぶ気がなくなったのかもしれない。

　発言が出つくしたら, 紙芝居④（カンタ）に注目させ, 次のように聞いた。

❺この2つのお話と, カンタがタンポポを探せなかったわけが, 実は同じなのです。どんなところが似ているでしょう。(　　　　)を埋めましょう。

ゾウも, ノミも, カンタも,
(　　　　　　　　　　　　　　　　　)

　ホワイトボード（画用紙でも可）を使って, グループ討議を行った。その後, 全体で発表させたところ, 次の意見が出された。

・あきらめた。
・できないと思ってしまった。
・ぜったい無理と思った。
・やる気がない。

・努力していない。

これぞ原点!

　3つの話はどれも過去の思いこみを変えられず, やってみなければわからないのに, 初めからあきらめてしまっているという共通点がある。「思いこみ」を払拭して, 挑戦してみることで, できるようになる可能性があることに気づかせる。

　「3つの話は, どれも『無理無理』『どうせできない』と思いこんでいて, 『やってみよう!』という気持ちになっていませんね。きっと『思いこみザウルス』にやられているんです」

紙芝居⑨　　　　　　紙芝居⑩

　冬にはタンポポがないと思えば見つからない。でもあると思えば見つかるかもしれない。ないと思いこまなかったから, シュウヘイはたんぽぽを見つけることができたのですね。

　この後, 自分が思いこみを変えられたこと・変えられなかったことを想起させる。

紙芝居⑯

　思い込みザウルスの書いた「思いこみ」を消していけば, みんなの運命だって変られるはずです。将来の夢, やってみたいこと, 得意になりたいこと, 思いこまなければできることはいっぱいありますよ。

　最後に, 感想とともに将来の夢を書かせる。

●教材　板書の実際

●留意点

・紙芝居16枚を，黒板に張りながら授業を進める。そうすることで，全体の流れを振り返ることができる。黒板を見れば，感想を書きやすい。
・最後に全員に消しゴム（小さく切れば，それほどコストはかからない）を用意し，「できない」「無理」という思いこみが心をよぎったら，その思いを消すお守りだと言って渡すとよい。

●児童の感想

・ぼくは，てつぼうは苦手と思いこんでいるので，これからはてつぼうのれんしゅうをがんばりたいと思います。
・ピーマンがきらいと思いこんでいるけど，今まで1回しか食べたことがないので，今度出たら食べてみようと思います。先生も大人になって食べてみたらおいしかったっていってました。

所見文例

◆ この授業で この言葉を ◆

　「思いこみを変えて運命を変える」の学習では，できないと思いこみ，あきらめてしまうことがあることに気づき，これからはできるかもしれない，何事も挑戦してみよういう思いをもつことができました。（自己を見つめる）

（千葉県　藤木美智代）

3. 明るく，前向きに
～レーナ・マリアさんの生き方から学ぶ～

<関連する主な内容項目>　D　よりよく生きる喜び

　自分が気にしていることに対して周りから心ない言葉を言われると，つい怒ったり落ち込んだりしてしまいます。しかし，レーナ・マリアさんは，笑顔で機転の利いた対応をします。

　子どもたちがレーナ・マリアさんの明るく，前向きな生き方に出合うことで，さまざまな障がいや困難を乗り越え，めざす生き方，誇りある生き方に近づいていけるようになってほしいと思い，この授業を構想しました。

教材　・『小学館版　学習まんが人物館　レーナ・マリア』　あべさより：まんが　小学館
　　　　・『レーナ・マリア―フット・ノート　足で書かれた物語』
　　　レーナ・マリア クリングヴァル：著　ビヤネール多美子・瀬口巴：訳　小学館

一段上に

■ レーナ・マリアさんの3つの対応の凄さ
　それは，
　①自分の体の特徴を自分の個性として受けとめていること。
　②体の不自由さに対して，いつも前向きであること。
　③明るく前向きな対応が，とてもユーモアであること。
です。
　レーナ・マリアさんの不自由さは，けっして小さくはないはずです。それにもかかわらず，子どもたちが想像もできないほどのユーモアをもち，明るく前向きに生きる姿が描かれています。その姿から，子どもたちは，レーナ・マリアさんの強さや気高さに気づいていきます。

■ 自分で詳しく調べる
　授業後には，レーナ・マリアさんの本を学級文庫に数冊置きます。いつでも本が自由に読める環境をつくることで，子どもたちがレーナ・マリアさんの生き方について，自分で詳しく調べることができるからです。本は，漫画と自伝（翻訳本）を置いておくとよいです。本を通して，新たなレーナ・マリアさんの生き方を学ぶことができます。

指導目標

レーナ・マリアさんの明るく前向きな生き方を知り，自分も誇りある生き方をしていきたいという気持ちを育てる。（道徳的心情）

準備するもの

・『小学館版 学習まんが人物館 レーナ・マリア』18, 52, 76, 77ページのマンガ4コマ（提示用）
・教材1・2（142ページに掲載）（提示用）

授業の実際

レーナ・マリアさんのマンガ『小学館版 学習まんが人物館 レーナ・マリア』の18ページ（中央右）の赤ちゃんと52ページ（右下）の子どものコマを1枚ずつ静かに提示する（マリアさんの言葉はぼかしておく）。

子どもたちから「両手と左足がない」という反応がすぐに返ってきた。子どもの素直な反応であるが，

「『不自由』と表現するといいですね」
と教えた。

どの子も興味津々な様子で，マンガを見ていた。

マンガに注目させた後，名前（レーナ・マリア）と出身地（スウェーデン・ストックフォルム）を伝えて，次のように発問した。

❶レーナ・マリアさんのことで何か，質問したいことはありますか。

ほぼ全員の手が挙がったので，1列を指名して，順に発表させた。次のような疑問が出された。

・どうして手足が不自由なのかな。
・どうやって泳ぐのかな。
・手と足が不自由な人は，どうやって泳げるようになるのかな。
・困ることはないのかな。

どの発言も，
「そうだね」

と，大切に受け止め，その後，子どもたちの質問に答えるように，教材1を聞かせた。

子どもたちは，レーナ・マリアさんが世界障がい者選手権で金メダルを取ったことに，
「すご～い！」
と賞賛の声をあげた。

前掲書 p.76

次に，レーナ・マリアさんが中学校1年生のときに体験したある出来事を，教材2で紹介した。

この場面を見せると，子どもたちの間から，
「ひどい……」
とつぶやく声が聞こえた。

❷もし，あなたが，自分が気にしていることを誰かから意地悪く言われたらどうしますか？

しばらく自分で考える時間をとった後，グループで意見を交流させた。子どもたちからは，次のような意見が出された。

・苦笑いをしてごまかす。
・泣く。
・怒って言い返す。
・相談する。
・理由を聞く。

グループで話し合うことにより，最初，個人で考えがもてなかった子も，意見をもち発表することができた。

グループでの話し合いの様子を代表の子に全体で報告させた後，
「では，レーナ・マリアさんは，こんなひどいことを言われた後，どうしたのかを見てみましょう」
と言って，レーナ・マリアさんの反応をマンガと共に提示した。

ありがとう、二本足。

あなたも元気そうね。

前掲書　p.77

　子どもたちは，予想と反したレーナ・マリアさんのきらきらした笑顔と言葉に「うわあ」と驚いた。

❸レーナ・マリアさんの反応をどう思いましたか。

　子どもたちからは，次のような意見が出た。
・自分は嫌な気持ちだと思ったが，レーナは気にしていなかった。
・ありがとうって言っていて，すごい。
・ひどいことを言われていても笑顔で返していて，かっこいい。
・何で怒らないのだろう。
・嫌なことを言われたのに，何でレーナさんはにっこりしていられるんだろう。
　子どもたちの意見に対して，
「レーナ・マリアさんは，なぜ怒らなかったんだろうね」
「みんななら，できるかな」
と問い返し，彼女の前向きな姿勢に気づかせていった。

これぞ原点！

　意地悪な男の子に対するレーナ・マリアさんの反応は子どもたちにとって思いもよらないものである。マンガでレーナ・マリアさんの言葉を示すことで，彼女の前向きな考え方に，より驚きをもって出合わせることができる。

　子どもたちが，明るく前向きなレーナ・マリアさんの生き方を感じ取ったところで，ある場面を紹介した。
「先生が，レーナ・マリアさんの言葉や行

動で，感動した場面はほかにもあります。その場面とは，レーナさんがプールで泳いでいて，周りの人からの視線を感じたときです。レーナさんはどんな反応をしたと思いますか？」
　意見を言いたそうにしていた子を指名したところ，
「『わたしは，みんなの視線なんて気にしないわ』と言ったと思います」
と答えた。
　その後，レーナ・マリアさんの発した「わかった。わたしの泳ぎが，かっこいいからね」(前掲書　p.52)という言葉をマンガと共に提示した。

　子どもたちは，レーナ・マリアさんの言葉を聞き，
「なるほど！」
「やっぱり，すごいね」
とつぶやいていた。
「どんなところがすごいと思いますか」
と問うと，
「何でも前向きに考えて，言い返せるところ」
という返答があった。

❹レーナ・マリアさんの生き方で，自分にも取り入れられそうなことはありますか？

　大きくうなずいた子がいたので，まず，その子を指名して発表させた。その後，次々に挙手があり，たくさんの意見が出された。
・前向きな生き方を取り入れたい。レーナさんは嫌なことを言われても，前向きに考えているので，私も考えられるようにしたい。
・笑顔を取り入れたい。レーナ・マリアさんは，嫌なことがあっても笑顔でいるから，笑顔でいると幸せになると思う。
・人に嫌なことを言われたって思わないところや，人の視線を嫌な目で見られていると思わないところをまねしたい。
　発言が出つくしたところで，最後に，感想を書かせて授業を終えた。

●**教材1** 『レーナ・マリアーフット・ノート 足で書かれた物語』をもとに授業者が概要を作成

> レーナ・マリアさんは両手が不自由で，左足は右足の半分という状態で生まれました。
>
> 3歳になると，レーナさんは水泳を始めました。体を動かさないと体が硬くなってしまうという理由からでした。
>
> 最初はお父さんに支えてもらっていましたが，週1回のトレーニングで，5歳のときには，自分一人で浮けるようになりました。どんどん練習していくうちに，水の中をもぐることができるようになりました。さらには背泳ぎ，顔をつけながらのクロールもとても上手に泳ぐことができるようになりました。
>
> 18歳には，水泳の世界障害者選手権に出場することができ，50メートル背泳ぎとクロールで金メダル，さらに100メートルのクロールで銅メダルを獲得しました。

●**教材2** 『小学館版 学習まんが人物館 レーナ・マリア』

●**児童の感想**

・レーナさんのように明るく，前向きに考えて，いつも生活するようにしたい。
・レーナさんみたいに，悪口みたいなことを言われても，気にしないようにする。
・嫌なことを言われても，一回心を落ち着けて，冷静になるようにしたい。
・けんかをしたときは，レーナさんみたいに優しくする。
・嫌なことを言われても，怒らず明るく笑顔でいたい。
・レーナさんみたいに怒らないで少しずつにこにこできるようにしたい。

**所見
文例**

◆ この授業で この言葉を ◆

> 「よりよく生きる喜び」をテーマにした学習では，前向きに考えるレーナ・マリアさんとの考えと自分の考えの違いに気づき，これからの生活で自分も誇りある生き方をしていきたいという思いをもちました。（自己の生き方）

（愛知県 堀内遥香）

4.「生」モニュメント

<関連する主な内容項目>　D　生命の尊さ

「街は再生したのか。人の心は再生したのか」。

阪神・淡路大震災で被災した宝塚市。市内を流れる武庫川の中州に現代美術家の大野良平さんが「本当に，街は，人は，復興したのか」という思いから始めた「生」の文字のモニュメントがあります。大雨で何度も流されるモニュメント。しかし，大野さんの確固たる思いが「生」モニュメントの石積みを続けさせます。

©記憶の中の「生」再現プロジェクト

教材　・リーフレット　大野良平
　　　　「記憶の中の『生』再現プロジェクト」

■「生き続けてほしい」大野さん本人からのメッセージ

　1995年1月17日に発生した阪神淡路大震災は，助かった人の心にも大きな傷跡を残しました。大野さんは，「何度でも再生できる」という思いを胸に，石積みを続け，生き続ける大切さを訴えます。子どもたちに大野さんのメッセージを伝え，生命を大切にしようとする気持ちを高めます。

■ 多岐にわたる価値観の広がりを

　生命の大切さに以外にも，大野さんのくじけない姿から不撓不屈の精神を，東日本大震災などのほかの被災地の人を勇気づけようとする思いやりの心を学ぶことができます。また，「生」の石積みに協力してくれる人たちへの大野さんの感謝の気持ちや，石積みに協力する人たちのボランティア精神などにも注目させ，子どもたちを多面的・多角的な学習へと導きましょう。

指導目標

　川の中州に「生」のモニュメントをつくり続ける大野良平さん思いを知り，生命を大切にしようという心情を育む。（道徳的心情）

準備するもの

・「生」モニュメント，大野良平さん，大水で損壊した中州と武庫川の大水の様子の写真（提示用）
・「生」モニュメント再生の歴史，大野さんのコラム（146ページに掲載）（配付用）
・感想などを書かせるプリント（配付用）

授業の実際

　写真を提示する。

❶写真を見て気づいたことを発表しましょう。

　まず，全景を撮影した写真を提示し，川の中州にモニュメントがある不思議さを感じさせる。子どもたちからは，「電車の写真，鉄橋，山，川，……」という声が聞かれた。そこで，「この写真には，ある文字が写っています」と言うと，子どもたちはより集中して探し始めた。すると，何人かは「生」という字があることに気がついた。

大野良平さん　©奥村森

　次に，この川の中州の「生」のモニュメントについて，大野良平さんと「生」の写真を見せ，次のような説明をした。

・兵庫県宝塚市の現代美術家，大野良平さんが2005年に，夫婦2人でつくった。
・武庫川の中州にあり，縦20メートル，横10メートル。
・阪神・淡路大震災からの復興と被災した人を勇気づけたいという思いからつくった。
・大野さんは，はじめ「□生」という言葉にしたかったが，広さや見え方の都合で「生」の字だけにした。

ここで，

> □生

と提示し，次のように聞いた。

❷大野さんは，初めどんな言葉にしたかったでしょう。

　□の中に入る漢字一文字を考えさせた。
子どもたちからは，
　・誕生　　・人生　　・学生
　・一生　　・衛生　　・再生
の言葉が出された。どの考えも認めた上で，実際には「再生」であることを伝えた。

❸なぜ，大野さんは「再生」という言葉にしたかったのでしょう。

　次の発表があった。
　・被害にあった人にまた立ち直ってほしい。
　・壊れたまちをまたつくり直してほしいから。
　子どもたちの意見を聞いた後，実際にお聞きした大野さんの言葉を伝えた。

2019年7月23日に授業者が取材

> 　阪神大震災の後，まちを離れていく人が多く，戻ってこないまちの活気や立ち直っていないみんなの心を感じていました。あの震災から10年たったのに，本

当にまちは再生したのでしょうか。人の心は再生したのでしょうか。人々の心に「また立ち直ろう」という思いがあれば何度でも再生できるはずです。

ここで，次のように聞いた。

❹2006年，ある出来事が起きます。それは何でしょう。

子どもたちからは，
・大雨が降って流されてしまった。
・誰かがいたずらで壊した。
・テレビで放送されて有名になった。
・世界遺産に認定された。
という発表があった。

実際は，大雨でモニュメントが流されてしまったことを，写真を見せて知らせた。

武庫川の大水

消滅した中州

このモニュメントは，台風や大雨で流されて，何度もつくり直されている。子どもたちに，
「大野さんたちは，何回つくり直したのか」
を想像させた後，146ページの資料を提示した（15年間で10回である）。子どもたちから驚きの声があがった。ここで，
・2回目からは，活動を応援するボランティアの人たちも加わったこと。
・その後，東日本大震災や各地の災害で被災した人たちを勇気づけたいという思いもあったこと。
を伝えた。

資料を読むと，完成（修復）後，わずか7〜19日後に台風などで消失してしまったときがあることがわかる。この事実に注目させた後，次の発問をした。

❺なぜ，大野さんは，モニュメントをコンクリートで固めないのでしょう。

プリントに自分の考えを書かせ，発表させた。
・何度でも再生したいから。

・いろいろな災害で被害にあった人たちに，何度でも立ち直ることを伝えたいから。
・くじけない自分の姿を見てほしいから。
・立ち直る大切さを伝えたいから。
・また，みんなで作業をしたいから。
・自然を壊したくないから。

これぞ原点！

コンクリートで固めれば，消失は防ぐことができるかもしれない。しかし，それを行わない理由を一人一人に考えさせる。モニュメントは，生き続けることの象徴である。それは，機械や人工の材料に頼るのではなく，人々との思いが込められた作品なのである。

発表させた後，大野さんのコラムをプリントにして配付し，教師が範読した。
読み終えたら，
「大野さんからみなさんに，メッセージがあります」
と言って，メッセージを提示した。

生き続けてほしい。何をやってもうまくいかなかったり，いじめにあったりしても。与えられた生命に感謝し何があっても生き続けてほしい。思いがあれば何度でも立ち直れるから。共に生き続けましょう。

❻繰り返し出てきた言葉があります。どんな言葉ですか。

「生き続けて」という言葉である。
大野さんの強い思いを確認し，今日の学習の感想を書かせて授業を終えた。
・東日本などほかの災害に遭った人を励ましていることに感動した。
・命があることに感謝して，毎日がんばっていきたい。
・大野さんのメッセージが心に残った。何があっても生き続けていこうと思った。
・大野さん自身の，くじけない心がすごい。
・自分も石積み作業に参加したいと思った。

●資料　「生」モニュメント再生の歴史

2005年1月	1代目完成…2006年秋　1代目　消滅
2010年12月	2代目完成…2011年5月　2代目　大雨で消滅
2011年7月	3代目完成…2か月後　2011年9月　3代目　台風で消失
2011年12月	4代目完成…2013年9月　4代目　台風で消失
2013年10月	5代目完成…2014年3月　5代目　雨で消失
2014年8月3日	6代目完成…7日後　2014年8月10日　6代目　台風で消失
2015年12月	7代目完成…2017年10月　7代目　台風で消失
2017年12月	8代目完成…2018年7月　8代目　西日本豪雨で消失
2018年8月5日	9代目完成…19日後 2018年8月24日　9代目　台風で消失
2018年12月	10代目完成

●大野良平さん　生き続ける「生(せい)」「記憶の中の『生』再現プロジェクト」リーフレットより

生き続ける「生(せい)」

　阪神・淡路大震災から10年目の節目となる2005年1月。当時，宝塚南口駅前商業空き店舗を活用して現代美術展を開催していた。テーマは，街と人の心の再生。震災で解体された街へ飛び出し，アートを仕掛ける。

　宝塚中心市街地を流れる武庫川。宝塚大橋を視点に，川に堆積した中州をキャンバスにみたてて，巨大な再生の「生」の字を河原の石を積んで描いた。街と自然が共生する場から再生のメッセージを発信する。1・17前夜，仲間と完成した「生」の石積みをライトアップした。暗闇から「生」を浮かび上がらせ震災犠牲者に祈りを捧げた。翌年2006年1月，崩れた「生」を修復し，再びライトアップしたが秋の大雨で自然消滅した。

　記憶の中の「生」。記憶とは，想いである。形あるものはいつか無くなるが想いは永遠に生き続ける。想いがあれば何度でも再生できる。これが「生」の石積みの精神だ。2010年12月，縁あり，「生」を再現することとなった。多くの市民ボランティアとともに2代目「生」を積み上げた。東日本大震災が起きる3ヶ月前のことだった。

　阪神・淡路大震災とともに多くの犠牲者をだした東日本大震災。日本中，いや世界中の人々の心が深く傷ついた。その直後に2代目「生」が5月の大雨で流失した。みんなで力を合わせて「生」を再現し，かつては被災地だった宝塚から東日本へむけて再生のメッセージを発信しよう！人々の心がひとつになった。その後も各地で起きる自然災害。消失と再生を繰り返す「生」。こうした想いが現在の10代目へと引き継がれてきたのだ。再生とは，生き続けるということだ。「生」の石積みをとおして震災の記憶を繋ぐとともに，震災を知らない若い世代に命の大切さを伝えたい。

　10代目「生」を機に，記録誌を刊行することとなった。来年，2020年初代「生」を積んで15年，再現して10年を迎える。粘り強く活動できるのも多くの皆さんの支えがあってのこと。今まで「生」プロジェクトに関わって頂いた全ての人々に感謝を申し上げたい。

大野良平（現代美術家）

所見文例

◆ この授業で この言葉を ◆

　「生命の大切さ」の学習では，つらいことがあっても生き続けて努力することの尊さを学び，これからの人生に生かしていこうという思いをもちました。（自己の生き方）

（愛知県　伊藤茂男）

5. あなたは今年, なにどし?

<関連する主な内容項目>　A　個性の伸長

「あなたは今年, なにどし?」と問いかけるポスターを見つけました。

　私は, うさぎ年生まれです。うさぎには,「温厚」というイメージがあります。もちろん, うさぎ年に生まれた人が, すべて温厚な性格の人……というわけではありません。けれども, 干支に関連づけて, 今の自分・これからの自分について考えてみるのも有意義なことです。

　1枚のポスターを介して, 今の自分をみつめ, 自身の個性を伸張させようとする意欲を高める授業です。

教材
- ・十二支に関する書籍（絵本）など
- ・ポスター「あなたは今年, なにどし?」三井不動産株式会社

■ ICT機器や思考ツールの活用を

　ポスターの提示は, ICT機器を用いることで子どもの心に響かせることができます。実際より大きなサイズで提示する, 一部分を隠して提示する, 動きをつけて提示するなど, 効果的な提示の仕方を工夫してみましょう。

　また, 今回は子どものイメージを膨らませるために「ウェビング（webbing）＝蜘蛛の巣（web）状に図式化して表現する手法」を用いました。「考え, 議論する」道徳の授業を行うためには思考ツールが有効です。道徳科でも, ぜひ積極的に取り入れてみてください。

■ 有効な実施時期の設定を

　この授業は, 2019年（亥年）3月に当時の勤務校教頭だった清水秀峰氏が行った実践を再構成したものです。「亥年に張ってあったポスター」であることを伝えれば, どの年でも実践可能です。

　実施時期は, 新年を迎えた1月や次年度を控えた3月が最適です。気持ちを切り替え, 前向きなスタートにつながる時期を踏まえ, 実施することをお勧めします。

指導目標

干支に関連づけて自分の目標を考えることで，自身の特徴に気づき，個性を伸ばそうとする意欲をもたせる。

準備するもの

・十二支に関する書籍（絵本など）（提示用）
・三井不動産ポスター「あなたは今年，なにどし？」

授業の実際

まず，
「十二支の始まりを知っていますか」
と問いかけ，絵本の読み聞かせをする。十二支の動物は，ほとんどの子どもが知っていたが，その由来について知っている子は少なかった。

※私が授業で使用したのは，『十二支のはじまり』（岩崎京子：文，二俣英五郎：絵　教育画劇）である。

読み聞かせを終えたら，子どもたちに，
「あなたは何年生まれですか」
と聞き，挙手した子どもに発言させた。この学年の子どもは，子（ねずみ）年と丑（うし）年生まれであった。

❶皆さんの干支のねずみや牛は，どんなイメージの動物ですか。

絵本では，ねずみは知恵を使って十二支の一番目を勝ち取った動物とされている。絵本の内容につなげて，ねずみや牛のイメージについて話し合った。さらに，イメージの発表だけでなく，自分自身との比較も意識させた。

次のようなユニークな発表があった。

・ねずみはチョロチョロして，自分もチョロチョロしていると言われる。
・ねずみは頭がいいけど，自分はちょっと……。
・牛は慎重だけれど，自分はそうでもない。

発言が出つくしたところで，

「今年は，何年ですか。」
とたずねると，一斉に
「亥（いのしし）年！」
との声があがった。

❷いのししはどんなイメージですか。

発想を膨らませるために，ワークシートに「いのししから思いつく言葉」をウェビングでまとめさせた。

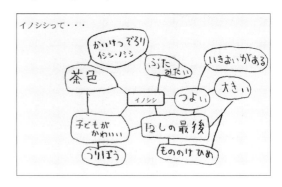

ウェビングをもとに発表させると，

・マンガやアニメで，キャラクター化されている。
・旅行で猪肉を食べたらおいしかった。
・「猪突猛進」って聞いたことある。

などの意見が見られた。

「猪突猛進」と答えたのは，四字熟語に興味をもっている子である。意味を聞くと「いのししは走るのが速く，勢いよく進んでいく」と説明があったので，

「こんな感じかな？」
と言って，ポスターの上半分（「あなたは今年，なにどし？」の部分まで）を提示した。

ポスターをよく見せてから，次の発問をした。

❸この言葉「あなたは今年，なにどし？」は，どんな意味だと思いますか。

「今年は，亥（いのしし）年だよね……」
と不思議そうにつぶやく声が聞こえた。

しばらく考えさせると，

「いろいろな動物の十二支があるとおもしろいので，本当は亥年だけど，自分の気持ちとか目標は何年だとピッタリなのかを聞いているのかも」
という発言があった。

ここで，ポスターの全面を示し，下半分に書かれてある言葉（大人向けの言葉であるが，まずは，原文）を読み聞かせた。そして，亥年になったばかりの時期に都内の駅に張ってあったこと，新年には心を新たにし，目標を立てる人が多いこと，自分の働き方について考えさせようとするポスターであることなどを説明した。

「実際の十二支にはない動物がいますね」と話し，改めてポスターに集目させた。

❹実際の十二支にはない「キリン年」や「ゾウ年」などはどんなイメージですか。

ここでは自由に発想させることが大切である。

しかし，発問❺につながっていく問いなので，ネガティブなイメージが出てきたときはやんわりと軌道修正して，ポジティブな発想をすることを伝える。次のような意見が出された。

・キリンは背が高いので，キリン年は先がよく見える。
・ゾウはライオンより強いと聞いたことあるので，ゾウ年は元気に過ごせそう。
・チーターは足が速いので，チーター年は運動で活躍できそう。
・フラミンゴは色がきれいなので，フラミンゴ年は幸せになりそう。

発言が出つくしたら，次のように聞く。

❺自分で決めるなら，4月からの1年間を何年にしたいですか。

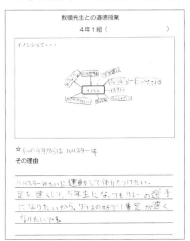

さきほどウェビングを書いたワークシートに，何年にしたいのかとその理由を書かせた。

どのように記入してよいか悩ん

でいる子どもがいたら，

「先生は，○○年にしようかな。理由は，……」というふうに，記述の例を教師が示してあげるとよい。

途中，想像上の動物（ユニコーン）でもよいかとの質問があったので，辰年の竜も想像上の動物であることを伝え，自由に考えてよいと答えた。

しばらく時間をとり，ワークシートを記入させた後，何名かに発表させた。

これぞ原点！

道徳科の目標に「自己を見つめ，物事を多面的・多角的に考え，自己の生き方についての考えを深める」とあるように，自分自身を見つめることは，道徳科の原点と言える。さまざまな動物のもつイメージについて考えることは，子どもが自分自身を見つめることに自然につながっていく。

子どもたちから，次のような発表があった。

・カンガルー年…バランス力を上げて，自転車に乗りたい。頭をよくして，みんなに頼られるリーダーになりたいから。
・ワオキツネザル年…僕は，集団行動が少し苦手で，ワオキツネザルは集団行動が得意なのでワオキツネザルにしました。
・カメ年…ゆっくりゆっくり前に進みたいです。「うさぎとかめ」みたいな感じで昼寝などしないで，ずっと前に進みたいです。
・トリ年…鳥は何回も練習して飛べるようになるから。自分のできることから進めたい。苦手なことは少しずつ練習していきたい。
・ユニコーン年…いろいろな色の種類があって，困った人に角でトントンと知らせてあげられるから。いろんな人に優しくしたいからです。

4月にはクラス替えがあり，新たな学級でがんばることを確認し，今日の学びを4月からの生活に生かしてほしいと伝え，授業を終えた。

●多様な教材の開発を！

　今回，取り上げた干支は十干と十二支を組み合わせた60を周期とする数詞であり，暦，時間，方位などに用いられている。時を表す「正午」「午前」「午後」，地図上の南北を結ぶ「子午線」，「甲子」の年に作られた「甲子園」なども干支に関係する言葉である。

　『小学校学習指導要領　解説 特別の教科 道徳編』の第4章第4節には，道徳科の教材に求められる内容の観点として，

> 　教材の開発に当たっては，日常から多様なメディアや書籍，身近な出来事等に強い関心をもつとともに，柔軟な発想をもち，教材を広く求める姿勢が大切である。
> 　具体的には，生命の尊厳，自然，伝統と文化，先人の伝記，スポーツ，情報化への対応等の現代的な課題などを題材として，児童が問題意識をもって多面的・多角的に考えたり，感動を覚えたりするような充実した教材の開発や活用が求められる。

との記述がある。「伝統と文化」と関わる教材としての干支の可能性も今回の実践から感じることができた。

●**教材**　『十二支のはじまり』 岩崎京子：文　二俣英五郎：絵 （教育画劇）

　十二支のはじまりについて，児童にわかりやすく描かれている。

●**教材**　三井不動産ポスター 『あなたは今年，なにどし？』

　ポスターの上部には，さまざまな動物が競走し，猪が一番前を走っている。下部には，十人十色の働き方を推奨するコピーが添えられている。

※「三井不動産　COLORFUL WORK PROJECT」➡「フリーペーパー」➡「第3号」で検索

　https://www.mitsuifudosan-office.jp/assets/pdf/COMMONS_PAGE3.pdf

所見文例　◆ この授業で この言葉を ◆

> 　「あなたは今年，なにどし？」の学習では，次年度の目標を動物に託して表現することで，自己を見つめ，自分自身の個性を伸ばそうとする意欲をもつことができました。（自己を見つめる）

（千葉県　栗原崇通）

6. まあるい　いのち

<関連する主な内容項目>　D　生命の尊さ

　低学年の子どもが「自分が生きている」と特別に意識する機会は，あまりありません。また，核家族化や高齢化が進み，身内の死に直面することも少なくなっています。

　生きていること，平和に過ごせることを当たり前と感じている子どもたちだからこそ，命の大切さ・生きる喜び・人間以外の生き物の命についても考えてほしいと思い，この授業を構想しました。

教材
- 歌「**まあるい　いのち**」 イルカ：作詞・作曲
- 絵本『**まあるい　いのち**』 イルカ：お話と絵（CDつき）小学館

一段上に

■ 歌を教材に〜力のある教材を授業に〜

　「まあるい　いのち」は，当たり前だけれどとても大切なことを温かいメロディーと共に私たちに伝えている曲です。

　「♪一人にひとつずつ　大切な命」というサビの部分の歌詞は，命について多様に考えさせてくれます。

　授業では，子どもたち一人一人の生活経験のなかで感じ取ってきた命への思いを表現させます。教師も学級の仲間も，互いに尊重し認め合う雰囲気を大切にしながら，授業を展開していきます。

■ 道徳授業で学んだことを他教科や生活に広げる

　授業をして終わりではなく，学びを他教科や生活に生かしていくことが大切です。

　低学年の子どもは，生活科で栽培・飼育活動を経験しています。家庭でも生き物を飼ったり花を育てたりしているでしょう。授業で学んだことをこうした他教科などの活動と関連させ，折に触れ命の大切さ・素晴らしさに気づかせていきましょう。

　また，命を大切にしていると感じられる言動があったら，全体に紹介したりその場でほめたりして，さらに実践化への意欲づけとしていきます。

指導目標

歌「まあるい　いのち」のメッセージを受け取り，命の大切さを感じ，自分やまわりの命を大切にしていこうとする態度を育てる。（道徳的態度）

準備するもの

・歌「まあるい　いのち」CD
・歌「まあるい　いのち」の歌詞カード（154ページに掲載）（配付用）
・絵本『まあるい　いのち』（提示用）
・男の子・カメ・アリなどの絵カード（提示用）
・丸いカード（配付用）

授業の実際

数日前から，「イルカという人が作った先生の好きな歌だよ」と何回か聴かせておいた。授業の初めに歌を聴かせてから発問した。

❶「まあるい　いのち」という歌です。どんな歌だと思いましたか。

子どもたちからは，
・やさしい感じの歌。
・命のことを歌っている。
・動物や家が出てくる。
などの意見が出た。
発表を聞いた後，
「この歌の歌詞の説明をします」
と言って，歌詞カードを配った。そして，次のような絵カードを利用して，説明をした。

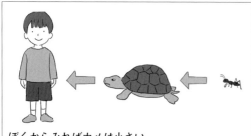

ぼくからみればカメは小さい。
アリからみればカメは大きい。

大きい。　小人の家みたい。

子どもたちからは，
「人間から見たら小さい，アリから見たら大きいというのがおもしろい」
という意見が出た。

北　西　東　南
よその星から見たらわかんない。

この部分の歌詞は，視点の変化があり，低学年には難しいので，おおよその意味がわかればよしとした。存在の大小，自然や宇宙のスケールの大きさなどを伝えた。

❷この歌の中に，何回も出てくる言葉があります。何という言葉でしょう。

・「みんな同じ生きているから　一人にひとつずつ　大切な命」
・「みんな同じ地球の家族」
・「みんな同じ宇宙の仲間」
・「みんな同じ」という言葉が多いよ。
ここで，これらの言葉に注目させ，次のように聞いた。

❸「みんな同じ生きているから　一人にひとつずつ　大切な命」「みんな同じ地球の家族」「みんな同じ宇宙の仲間」という言葉をどう思いますか。

たくさんの手が挙がり，次のような発表があった。
・みんな同じ生きているな。小さい生き物も生きているよ。
・本当に一つずつ命をもっているなあ。
・命が大切だということ。
・大きさが違うのは，命が入っている場所が違うからだと思った。
・大きい命・小さい命があるけど，みんな

大事だと思った。

・地球や宇宙にも命があるのかな。

　発言が出つくしたところで，次は自分の命について考えさせた。

❹自分の命が大切だなと思ったことや命について考えていることを教えてください。

　次のような発表があった。

・交通事故とかで死んだら命がない。

・店に売っていない。ちょうだいと言ってもだめ。

・おかあさんが大切な命を生んだ。だから私は生きている。

・大切だから，死なないようにする。

・息をしているから，生きていると感じる。

・命が大事だからごはんをいっぱい食べる。

　一人一人の発言を認めながら，板書していった。また，「同じように思ったことがあるか」「どうしてそう思ったか」を問い，考えを共有したり深めたりした。

これぞ原点！

　発問❹により，児童の生活体験をもとにした命に対する考えを引き出す。答えは一つではないので，多様な考えを認める。同時に，それらの考えに共通する命の大切さを感じさせる。

　自分の命に意識を向けさせた後，さらに次のように問う。

❺みんな自分の命は大切だね。大切にするのは自分の命だけですか。

　まわりの人・生き物などに目を向けさせるための発問である。子どもたちは，口々に
「違う」
「自分の命だけじゃない」
と話した。詳しく聞いたところ，次のような意見が出された。

・自分だけではなく，友達の命も大事にする。

・どんな動物も生きていて大事だと思う。

・朝顔を大事に育てたい。

・飼っている金魚を大事にしたい。

❻これから大切にしたい命をまあるいカードに書きましょう。書いたら大きな紙に貼りましょう。絵でも言葉でもいいです。

　大きさや色が異なる丸いカードを配り，書かせた。書いたら一枚の紙に貼っていった。

　BGMで「まあるい　いのち」を流し，授業を振り返りながら優しい雰囲気で書けるようにした。子どもたちは，下のような内容をカードに書いていた。

・友達。友達が死んでしまったら悲しい。

・苦手な生き物も大切にしたい。

・自分と友達を大事にしたい。

・魚・犬・うさぎ。

・命が大事。ママありがとう。

・家族の命が大事。

　みんなの意見が1枚の紙にまとめられていく様子を見ながら，子どもたちはにこにこしていた。授業後も教室に掲示しておいた。

❼イルカさんが描いた『まあるい　いのち』という絵本があります。読み聞かせをします。

　読み聞かせをして，しっとりと授業を終えた。

　イルカのイメージキャラクターであるノエルちゃんとその友達・きんのすけが地球にやってきて，森の生き物と触れ合うなかでいろいろな生き物たちが共存することや命の大切さに気づいていく。（絵本『まあるい　いのち』のあらすじを授業者が作成）

●**教材** 絵本『まあるい いのち』イルカ：お話と絵（CDつき）小学館 について
　2010年は国連の定めた「国際生物多様性年」で，著者は2004年からIUCN国際自然保護連合の親善大使を務めている。著者からの地球のみんなへのメッセージである。

「まあるい いのち」歌詞

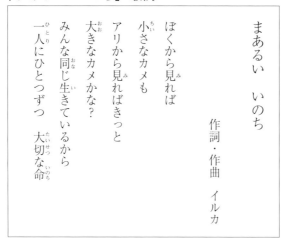

まあるい いのち

作詞・作曲　イルカ

ぼくから見れば
小さなカメも
アリから見ればきっと
大きなカメかな？
みんな同じ生きているから
一人にひとつずつ　大切な命

板書

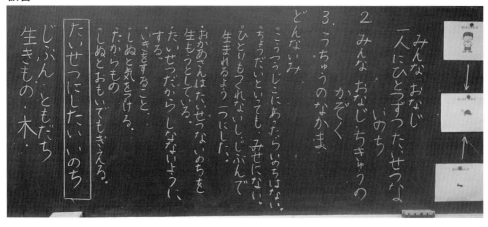

所見
文例

◆ この授業で この言葉を ◆

　「命」をテーマにした学習では，自分やまわりの人，生き物に一つずつの命があることがわかり，これから自分やまわりの命を大切にしていこうという思いをもちました。（自己の生き方）

（新潟県　大淵栄子）

コラム

原点！ 命の輝き

ぼくの命は，世界で一つだけの命。輝かせて生きていきたいね。

1. 2020年の先へ
2. 思いこみを変えて運命を変える
3. 明るく，前向きに
4. 「生」モニュメント
5. あなたは今年，なにどし？
6. まあるい　いのち

　　命には，二つの側面があります。一つは，生命体としての命。一度なくしたら，二度とは戻ってはきません。自分の命は，この世に唯一無二の存在です。二つは，社会的存在としての命。自分らしく生きることが，社会的存在としての命の輝きです。

　　この章には，命の二つの側面から，命の輝きについて学ぶ授業たちが集結しました。道徳授業の原点としての6実践です。

1. 2020年の先へ

　東京オリンピックとパラリンピックのマスコット・ミライトワとソメイティは，どちらも，子どもたちの「ワクワク」をエネルギーにして誕生した。このエネルギーは，まず大会の成功のために使われるが，肝心なのは，その先である。

　オリンピックの開催は，単なる世界的なスポーツイベントにとどまらない。前回，1964年の東京オリンピックがそうであったように，日本が大きく発展するきっかけとなる大会である。

　子どもたちには，その先にある輝く未来を描き，実現への一歩を踏み出してほしい。

2. 思いこみを変えて運命を変える

　「自分にはできない」という思いこみと，「もしかしたらできるかも」という思いこみ。どうせ思いこむなら，積極思考のほうがいい。

　教材は，教師の自作による紙芝居である。教室内においても，ICT機器の活用が増えている昨今であるが，手づくりの教材には，AIには出せない温かさがある。紙芝居による場面提示が，教師の語りによって進められる。安心感に包まれた心地よい空間で，子どもたちは，授業に没頭していく。

思いこみを変えて運命を変える

3. 明るく，前向きに

　男子が，レーナ・マリアさんに暴言を吐く場面がある。ここで，授業者は，「自分が気にしていることを，誰かから意地悪く言われたらどうするか」と問いかける。レーナ・マリアさんの気持ちではなく，自分自身の行為として考えさせる。

　この思考が，後半の「レーナ・マリアさんの生き方で，自分にも取り入れられそうなことはあるか」という問いに生かされる。心情ではなく行為を考えることが，明るく，前向きな生き方につながっていく。

『小学館版 学習まんが人物館 レーナ・マリア』あべさより：まんが（小学館）

4.「生」モニュメント

　日本は，四季が美しい国だが，同時に自然災害が多い国でもある。2019年も，各地で台風や大雨の被害があった。自然の猛威に対し，人間は，弱い存在である。けれども，人間には，そこから立ち上がり，再生に向けて歩んでいける強さがある。

　「生」モニュメントは，心の再生の象徴である。制作者である大野さんは，「人々の心に『また立ち直ろう』という思いがあれば何度でも再生できるはず」と言う。このメッセージをしっかりと受け止め，一生懸命に生き続けたいと思う。

©記憶の中の「生」再現プロジェクト

5. あなたは今年，なにどし?

　今年（2020年）は，鼠年である。ちなみに，私は寅年生まれ。ところが，この授業では，「あなたは今年，なにどし？」と問われる。「なんのこっちゃ!?」と思わずツッコミを入れたくなるような問いである。

　しかし，教材であるポスターの全文を読めば，その趣旨が理解できる。子どもたちからは，カンガルー年やワオキツネザル年から，ユニコーン年まで，ユニークな発言がある。自分だけの十二支を決めて，大いに個性を伸ばしてほしい。

6. まあるい　いのち

　いのちは，どんな形をしているのだろうか。四角では，角が立つ。三角では，ガタゴトしそう。やっぱり，丸がいい。みんなと一緒に寄り添いながら，同じ場所をめざして進んでいける。

　本当に大切なものは，目には見えない。だから，それを優しい歌を聴きながら，まあるい形に表してみる。エンディングは，絵本の読み聞かせ。子どもたちの心のなかに，温かい何かが残る。その何かが，きっと命の大切さなのだろう。

絵本『まあるい　いのち』イルカ：お話と絵　CDつき（小学館）

（編著者　佐藤幸司）

● おわりに

　『とっておきの道徳授業』シリーズが初めて世に出たのは，2001（平成13）年11月のことである。教室現場から発信される道徳授業の実践書として話題になり，新聞・テレビなどのさまざまなメディアで紹介された。以来，およそ年に1冊のペースで発刊を重ね，今回が小学校編17巻目（中学校編14巻目近刊）となった。本シリーズは，21世紀の幕開けとともに，平成から令和の時代へと，子どもたちに届けたい道徳授業を，着実にそして大胆に主張し続けてきている。

　本シリーズには，1巻から16巻まで，それぞれ30〜35本の道徳授業記録が追実践可能な形で収められている。今回，新たに仲間入りした17巻30本の授業を加えて，計561本の小学校道徳授業記録が教育界の財産として蓄積されることになった。

　これらの授業は，現場の教師たちの手によって開発されたオリジナル実践である（一部，教科書教材の効果的な使用法をテーマにした実践も収録）。道徳が「特別の教科」として定着した今だからこそ求められる，珠玉の授業たちである。教室という最前線の現場から生まれた授業のメッセージを，ぜひ，日本中の子どもたちの心に届けてほしい。

　教育研究団体「道徳のチカラ」は，道徳教育の推進に熱き志をもつ教師の集いである。

　マスコットキャラクター「どーとくん」は，令和の時代に入り，ますます元気いっぱいである。子どもたちが喜ぶ道徳授業づくりのお役に立てることが，「どーとくん」の願いである。

どーとくん

いつもあれこれ考え中。

©2010 The Power of Moral Education

　「道徳のチカラ」では，優れた道徳授業記録を集め広めていく活動のほかに，道徳教育全般における教育実践も視野に入れ，活動を展開している。現在，機関誌『道徳のチカラ』（年会費制）を購読している正会員約500名と，ネット配信『総合・道徳教育メールマガジン』（無料）を受信している準会員約3500名によって組織され，北は北海道・稚内市から南は沖縄県・石垣市まで，日本中に同志がいる。

　子どもたちの幸せを願い，「これから」を生きる子どもたちにとって価値ある教師であるために，学び続けていきたい。

　2020年3月　（平成から令和へ　変わらぬ志をもち続けて……）

佐藤幸司

「どーとくんカード」は，子どもたちへの授業のためにご使用ください。

※「どーとくん」の著作権は「道徳のチカラ」（代表：佐藤幸司）にあります。
　書籍やネット上への無断使用はご遠慮ください。

道徳授業書のベストセラー
とっておきの道徳授業 実践原稿の募集

『とっておきの道徳授業』シリーズは，現在，小学校編17冊，中学校編14冊が出版されています。
内容をさらに充実させていくために，道徳授業の実践原稿を，年間を通じて募集しています。
ぜひ，御応募ください。

募　集　要　項

1．内　容　道徳授業の実践原稿
プランや指導案でもかまいません。
掲載が決まった場合は，実践を通した上で執筆していただきます。

2．形　式　本書の各実践原稿の2～3ページ（見開き）を参照
授業記録の書式は，A4判2枚，20字×40行の2段組です。
最初は，授業の内容がわかるものであれば，形式は問いません。
掲載が決まった場合は，規定の書式で執筆していただきます。

3．送り先　編著者　佐藤幸司
原稿は，すべてメールでお送りください。
アドレス　s-koji@mwa.biglobe.ne.jp
「道徳のチカラ」の公式ウェブサイトからも，メールが送れます。
検索 ☞「道徳のチカラ代表　佐藤幸司」をクリック。
ワードまたは一太郎で執筆して，添付ファイルでお送りください。

4．その他　掲載原稿には，規定の原稿料をお支払いします。

『とっておきの道徳授業』シリーズに掲載してある教材を教科書に載せる場合は，必ず編著者・佐藤幸司に連絡をしてください。これまでも，多くの教材や授業展開例が無断で教科書や教師用指導書に転載されています。知的所有権に対して道徳的な手続きをお願いします。連絡をいただければ，もちろん道徳的に対応いたします。

[執筆者一覧（五十音順）]

猪飼　博子　愛知県　あま市立甚目寺南小学校　教諭
伊藤　茂男　愛知県　清須市立春日小学校　主幹教諭
伊藤　唯　千葉県　市川市立大和田小学校　教諭
大淵　栄子　新潟県　新潟市立濁川小学校　教諭
栗原　崇通　千葉県　市川市立曽谷小学校　教諭
佐藤　幸司（編著）
　　　　　　山形県　村山市立袖崎小学校　校長
佐藤　幸規　佐賀県　基山町立基山小学校　教諭
勝治麻由子　千葉県　船橋市立三山東小学校　教諭
鈴木　健二　愛知県　愛知教育大学　教授
田辺　裕純　大分県　中津市立秣小学校　教諭

辻　志郎　愛知県　名古屋市立廿軒家小学校　教諭
中川　正浩　三重県　伊勢市立中島小学校　教諭
野呂　公人　神奈川県　川崎市立中野島小学校　教諭
平井百合絵　愛知県　豊川市立音羽中学校　教諭
広山　隆行　島根県　松江市立大庭小学校　教諭
藤木美智代　千葉県　船橋市立法典東小学校　教頭
古橋　功嗣　愛知県　刈谷市立東刈谷小学校　教諭
堀内　遥香　愛知県　豊田市立堤小学校　教諭
柳田　一帆　愛知県　名古屋市立廿軒家小学校　教諭
渡邉　泰治　新潟県　新潟市立早通南小学校　教諭

（勤務先は2020年3月現在）

[編著者紹介]
佐藤幸司（さとう・こうじ）
山形県生まれ。山形大学大学院教育学研究科（道徳教育）修了。1986年より教職につく。
現在，山形県公立小学校校長。
教育研究団体「道徳のチカラ」代表。
＜主な著書＞
『道徳の授業がもっとうまくなる50の技』『道徳授業成功の極意』[以上明治図書]，『プロの教師のすごいほめ方叱り方』
『クラスが素直に動き出す！プロの教師の子どもの心のつかみ方』[以上学陽書房]，『子どもを幸せにする「道徳科」』（共
著）[小学館]，『道徳授業は自分でつくる』『とっておきの道徳授業』シリーズ（編著）[以上日本標準]
E-mail s-koji@mwa.biglobe.ne.jp

[公式ウェブサイト（機関誌・メールマガジン申し込み）の紹介]
☆道徳のチカラ公式ホームページ　http://www12.wind.ne.jp/kaikaku/
　ヤフー等の検索ページで「道徳のチカラ」で検索すると，すぐ出てきます。最新情報が満載です。
☆道徳のチカラ機関誌（年会費制）
　上記公式ウェブサイトの「機関誌道徳のチカラ」をクリックして，申し込んでください。
☆総合・道徳教育メールマガジン（無料）
　上記公式ウェブサイトの「メルマガ申し込み」をクリックして，申し込んでください。
※本文中のURLなどは，2020年3月1日現在のものです。

JASRAC 出 2001062-001

これからを生きる子どもたちへ

とっておきの道徳授業17
質的転換！令和時代の道徳授業30選

2020年3月30日　第1刷発行

編著者／佐藤　幸司
発行者／伊藤　潔
発行所／株式会社 日本標準
　　　　〒167-0052　東京都杉並区南荻窪3-31-18
　　　　電話　03-3334-2640[編集]
　　　　　　　03-3334-2620[営業]
　　　　URL　http://www.nipponhyojun.co.jp/

表紙・編集協力・デザイン／株式会社 コッフェル
イラスト／タカミネシノブ
印刷・製本／株式会社 リーブルテック

◆乱丁・落丁の場合はお取り替えいたします。

ISBN 978-4-8208-0685-1